Deutsch
als Fremdsprache I A
Grundkurs

___

von Korbinian Braun, Lorenz Nieder
und Friedrich Schmöe

Neubearbeitung

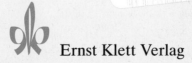

Ernst Klett Verlag

Zeichenerklärung:

T = Diese Übungen sind auf Tonband (Klettnummer 99522) verfügbar.
Die Ziffern entsprechen der Numerierung der Übungen auf dem Tonband.

G = Verweis auf die grammatischen Übersichten im Anhang.

Bildnachweis: S. 21, 29: U. Seyl, Stuttgart; S. 37: Globus-Kartendienst;
S. 47: H. Müsseler, Rheinhausen; S. 55: W. Storto, Leonberg;
S. 63, 71: Agentur Mauritius, Mittenwald; S. 89: Conti-Press, Hamburg;
S. 105: Fußballstadion: Foto Werner H. Müller, Stuttgart; Stammtisch: U. Seyl,
Stuttgart; Konzertsaal: G. Bublitz, Stuttgart; S. 115: Werbe- und Verkehrsamt
Münster (Foto: M. Jeiter, Aachen); S. 131: Ford-Werke AG, Köln; S. 139: Presse-
und Informationszentrum des Deutschen Bundestages, Bonn.

Quellennachweis der Originaltexte S. 39, 60, 94: Menschengeschichten.
3. Jahrbuch der Kinderliteratur, hrsg. von Hans-Joachim Gelberg.
Beltz Verlag Weinheim und Basel 1975, S. 141, 194, 209.

ISBN 3-12-554400-9

2. Auflage   2   60 59 58 57 | 1988 87 86 85

Die vorliegende Fassung ist eine Neubearbeitung.
Sie hat eine neue Bestellnummer erhalten und kann nicht neben der früheren
Fassung mit der ISBN 3-12-554100-X verwendet werden.
© Ernst Klett Verlage GmbH u. Co. KG, Stuttgart 1978.
Fotos zu den Lehrtexten: Uwe Seyl, Stuttgart.
Zeichnungen zu den Dialogen: Hans Köhler, Stuttgart.
Weitere Zeichnungen: W. und O. Frick, Reutlingen.
Karten: Gottfried Wustmann, Mötzingen.
Druck: Ernst Klett, Druckerei. Printed in Germany.

Inhalt

1 Guten Tag!

Herr Hartmann: Guten Tag, Herr Schmitt!
Herr Schmitt: Guten Tag, Herr Hartmann!
Herr Hartmann: Wie geht es Ihnen?
Herr Schmitt: Danke, gut. – Und Ihnen?
Herr Hartmann: Danke, es geht. – Woher kommen Sie?
Herr Schmitt: Ich komme aus Bremen.
Herr Hartmann: Und wohin fahren Sie?
Herr Schmitt: Ich fahre nach München.
Herr Hartmann: Wohnen Sie in München?
Herr Schmitt: Ja, ich wohne jetzt in München.
Herr Hartmann: Arbeiten Sie auch dort?
Herr Schmitt: Ja, ich arbeite bei Siemens. Und Sie, was machen Sie?
Herr Hartmann: Ich fahre heute nach Hamburg und morgen nach Haus.
Herr Schmitt: Entschuldigen Sie, Herr Hartmann, mein Zug!
                 Auf Wiedersehn!
Herr Hartmann: Auf Wiedersehn! Und gute Reise!

Fragen und Antworten

Woher kommen Sie?	Ich komme aus *Mich*
Wie heißen Sie?	Ich heiße *C.S.*
Was machen Sie hier?	Ich lerne *Deutsch*
Studieren Sie?	Ja/Nein, *ich studiere*
Was studieren Sie?	*Ich studiere Deutsch*
Arbeiten Sie?	Ja/Nein, *ich arbeite nicht*
Wo arbeiten Sie?	Ich arbeite *G.S.I.*
Wo wohnen Sie?	Ich wohne *in DA*
Wohin gehen Sie?	Ich *gehe nach* Haus.
Wie geht es Ihnen?	Danke, *gut.*

Woher kommen Sie?

A: Bitte, woher kommen Sie?
B: Ich komme aus Südamerika.
A: Was machen Sie hier?
B: Ich lerne Deutsch.
A: Arbeiten Sie auch hier?
B: Nein, ich arbeite nicht,
   ich studiere.
A: Was studieren Sie?
B: Ich studiere Medizin.
A: Und was machen Sie dann?
B: Dann fahre ich zurück nach Haus.
A: Vielen Dank und auf Wiedersehn!

Was machst du?

A: Hallo, Peter!
B: Tag, Maria!
   Was machst du?
A: Ich mache Urlaub.
B: Wohin fährst du?
A: Ich fliege morgen nach Spanien.
B: Und wann kommst du zurück?
A: In zwei oder drei Wochen.
B: Dann viel Spaß und auf Wiedersehn!

1 Bitte ergänzen Sie:

> *Beispiel 1:* Hamburg → Ich fahre nach Hamburg.

1. Hamburg 2. Frankfurt 3. München 4. Berlin 5. Köln

> *Beispiel 2:* Berlin → Ich fliege nach Berlin.

1. Berlin 2. Paris 3. Rom 4. Wien 5. Rio

> *Beispiel 3:* London → Ich komme aus London.

1. London 2. Athen 3. Tokio 4. Ankara 5. New York

> *Beispiel 4:* Köln → Ich wohne in Köln.

1. Köln 2. Bremen 3. Hannover 4. Bonn 5. Stuttgart

2 Bitte wiederholen Sie:

Sie fliegen – Sie fahren – Sie gehen.	i – ɑ – e
Sie fliegen nach Wien. Sie fahren nach Paris.	i – ɑ – a
Sie wohnen in Rom. Sie kommen aus London.	o – ɔ
Was machen Sie? Ich fahre nach Hamburg.	a – ɑ
Ich gehe nach Haus. Auf Wiedersehn!	e

3 Antworten Sie mit „ja":

> Kommen Sie aus Paris? → Ja, ich komme aus Paris.

1. Kommen Sie aus Paris? 2. Fahren Sie nach Hamburg? 3. Wohnen Sie in Köln?
4. Fliegen Sie nach Rom? 5. Gehen Sie nach Haus?

4 Antworten Sie mit „nein":

> Kommen Sie aus London? → Nein, ich komme nicht aus London.

1. Kommen Sie aus London? 2. Fahren Sie nach Frankfurt? 3. Wohnen Sie in Bonn?
4. Fliegen Sie nach Wien? 5. Gehen Sie nach Haus?

5 Bilden Sie Fragen:

> Ich fliege nach Wien. Und Sie? **Wohin** fliegen Sie?
> Ich komme aus Bremen. Und Sie? **Woher** kommen Sie?
> Ich wohne in München. Und Sie? **Wo** wohnen Sie?

1. Ich fliege nach Wien. 2. Ich fahre nach Hamburg. 3. Ich wohne in München. 4. Ich komme aus Amerika. 5. Ich arbeite in Rom. 6. Ich fahre nach Spanien. 7. Ich studiere in Köln. 8. Ich komme aus Rio. 9. Ich mache Urlaub in Italien.

Wo	wohnen	Sie?	– Ich wohne	**in**	München.
Woher	kommen	Sie?	– Ich komme	**aus**	Bremen.
Wohin	fahren	Sie?	– Ich fahre	**nach**	Hamburg.

6 wo – woher – wohin?

1. Woher... kommen Sie? – Ich komme aus. Paris.
2. Wo..... wohnen Sie? – Ich wohne .in.. Hamburg.
3. Wohin. fahren Sie? – Ich fahre nach. Frankfurt.
4. Wo.... machen Sie Urlaub? – .in. Italien.
5. Wohin.. fliegen Sie? – Ich fliege nach. Buenos Aires.
6. ..Wo..... arbeiten Sie? – Ich arbeite .in.. München.
7. ..Wo..... studieren Sie? – Ich studiere jetzt .in. Hamburg.
8. Wohin. gehen Sie? – Ich gehe jetzt nach Haus.
9. Wo..... wohnen Sie, Herr Hartmann? – Ich wohne .in.. Frankfurt.
10. Wohin. fahren Sie? – Ich fahre zurück nach München.

Woher kommen Sie?	– Ich komme aus Bremen.	Er kommt aus Bremen.
Woher kommst du, Ute?	– Ich komme aus Köln.	Sie kommt aus Köln.
Woher kommt ihr?	– Wir kommen aus Amerika.	Sie kommen aus Amerika.

7 komme – kommst – kommt – kommen?

1. Woher . . . . Sie? 2. . . . . Sie aus England? 3. Herr Schmitt . . . .

aus Bremen. 4. Er macht Urlaub. – Wann . . . . er zurück? 5. . . . . Sie

aus Köln? – 6. Nein, ich. . . . . aus Bonn. 7. Woher . . . . Sie, Fräulein Ito? –

8. Ich . . . . aus Japan. 9. Herr und Frau Santos . . . . aus Brasilien.

10. Woher . . . . ihr? – 11. Wir . . . . aus Großbritannien. 12. Anne

. . . . aus England und John . . . . aus Schottland. 13. Marie, woher

. . . . du? 14. . . . . du aus Paris? – 15. Ja, ich . . . . aus Paris.

16. Wir . . . . heute nicht. – 17. . . . . ihr morgen? 18. Herr Schmitt,

. . . . Sie? – Ja, ich . . . .

Herr Schmitt fährt nach München.

Herr Schmitt kommt aus Bremen
und fährt nach München.
Er wohnt in München und arbeitet bei Siemens.
Herr Hartmann kommt aus Hamburg
und fährt nach Haus.
Familie Hartmann wohnt in Frankfurt.
Fräulein Kim kommt aus Korea.
Sie arbeitet jetzt in Stuttgart.
Sie spricht Koreanisch, Englisch und Deutsch.
Wir fragen sie: „Wie geht es Ihnen, Fräulein Kim?"
Sie antwortet: „Danke, gut." –
„Und wie gefällt es Ihnen in Stuttgart?"
Sie sagt: „Sehr gut."

Hamburg
Bremen
Berlin-West
Köln
Bonn
Frankfurt
Stuttgart
München

8 Bitte antworten Sie:

1. Woher kommt Herr Schmitt? . . . .

2. Wohin fährt er? . . . .

3. Wo arbeitet er? . . . .

4. Wohnt er in München? Ja, ...

5. Kommt Herr Hartmann aus Bremen? Nein, ...

6. Wohin fährt er? . . . .

7. Woher kommt Fräulein Kim? . . . .

8. Was macht sie in Stuttgart? . . . .

9 Bilden Sie Fragen:

1. . . . .   Herr Hartmann kommt *aus Hamburg.*

2. . . . .   Herr Schmitt fährt *nach München.*

3. . . . .   Er arbeitet *in München.*

4. . . . .   Herr Hartmann fährt *nach Haus.*

5. . . . .   Fräulein Kim kommt *aus Korea.*

6. . . . .   Sie arbeitet *in Stuttgart.*

7. . . . .   *Ja, sie spricht Deutsch.*

8. . . . .   *Ja, wir lernen Deutsch.*

Unterricht

Wir üben.
Ich spreche.   Bitte wiederholen Sie!
Ich frage.   Bitte antworten Sie!
Ich schreibe.   Bitte lesen Sie!
Ich diktiere.   Bitte schreiben Sie!
Ich erkläre.   Bitte hören Sie!

Sie sagen: Bitte erklären Sie das noch einmal!
 Ich verstehe das nicht.

10 Bitte wiederholen Sie: **T 5**

Wir lernen, wir sprechen – wir lesen, wir verstehen.   ε – e
Wir lernen Deutsch. – Wir verstehen nicht.
Wir hören – wir üben – Sie erklären – wir schreiben.   ø – y – εː – aɪ
Sie fragen – wir antworten – wir wiederholen.
Was machen Sie? – Wir fragen und antworten.
Bitte hören Sie! Bitte antworten Sie! Bitte wiederholen Sie!

11 Bitte ergänzen Sie:

Ich fahre nach Berlin.	Ich fliege nach Paris.
. . . . heute	. . . . morgen . . . .
. . . . morgen	. . . . zurück.
. . . . nach Haus.	Ich fahre . . . .
. . . . jetzt	. . . . nach Haus.
Ich gehe	. . . . jetzt . . . .
. . . . nicht	Ich gehe . . . .

12 Bilden Sie Imperative: **G 1.1**

> wiederholen   →   Bitte wiederholen Sie!

1. wiederholen 2. fragen 3. antworten 4. hören 5. lesen 6. schreiben 7. sprechen 8. fahren
9. üben 10. kommen 11. gehen 12. entschuldigen

> Er fragt, aber sie antwortet nicht.
>
> Wir sprechen Deutsch. Er spricht Englisch. Was sprichst du?
> Ich lese, sie liest auch. Was liest du?
> Wir fahren heute. Herr Schmitt fährt morgen. Wann fährst du.

13 Ergänzen Sie die Verben:

1. (fahren) Wohin .... Herr Schmitt? – Er .... nach München. 2. (arbeiten) Wo .... Herr Schmitt? – Er .... bei Siemens. 3. (machen) Was .... Herr Hartmann? – (fahren) Er .... nach Haus. 4. (sprechen) Wir .... Deutsch. Er .... Englisch. 5. (sprechen) Was .... du? – Ich .... Deutsch. 6. (fahren) Wir .... nach Italien. .... du auch nach Italien? – Nein, ich .... nach Spanien. 7. (lesen) .... du? – Nein, ich .... nicht, er .... 8. (fahren) Wohin .... du? – Ich .... nach Haus. 9. (gehen) Wie .... es Ihnen? – Danke, es ....! 10. (gefallen) Und wie .... es Ihnen hier? – Danke, gut.

14 Bilden Sie Sätze: G 1.3

1	2	3	4
Er	kommt	morgen	zurück.

1	2	3	4
Morgen	kommt	er	zurück.

1. Er kommt **morgen** zurück. 2. Ich gehe **jetzt** nach Haus. 3. Er fliegt **heute** nach London. 4. Wir wohnen **jetzt** in Köln. 5. Wir fahren **morgen** in Urlaub. 6. Er arbeitet nicht **hier.** 7. Sie fährt **morgen** nach München. 8. Wir machen Urlaub **in Italien.**

15 Bilden Sie Sätze:

ich	komm-	jetzt	in	London
du	wohn-	heute	aus	Bremen
wir	flieg-	morgen	nach	Frankfurt
Herr Schmitt	arbeit-	nicht		Paris
Fräulein Kim	studier-			Deutschland

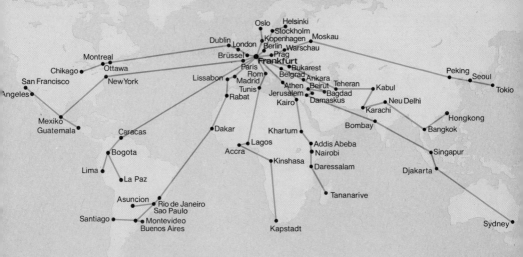

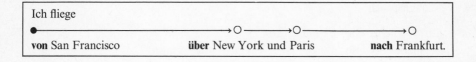

Ich fliege

von San Francisco   **über** New York und Paris   **nach** Frankfurt.

Ausländer in der Bundesrepublik Deutschland und in Berlin (West)

Viele Ausländer studieren oder arbeiten in der Bundesrepublik und in Westberlin.
Andere machen eine Reise.
Sie kommen aus Afrika, Amerika, Asien, Australien und aus Europa. Viele kommen aus
Südeuropa: Aus Griechenland, Italien, Jugoslawien, Portugal, Spanien und aus der Türkei.
Sie arbeiten und leben oft viele Jahre hier.

Wie fliegen (fahren) Sie nach Frankfurt? – Ich fliege (fahre) von ...Mpls............

über ...N.Y.............. nach ...Frankfurt..........................

Fliegen Sie direkt zurück? – Nein, ich fliege (fahre) von ...Frankfurt............

über ...MY.............. und ...Chicago......... nach ...Mpls-...........

2 Telefongespräch

Fräulein Klein: Hier Firma Expo.
Herr Weber: Hier Weber. Wer ist bitte am Apparat?
Fräulein Klein: Mein Name ist Klein, ich bin hier Sekretärin.
Herr Weber: Guten Morgen, Fräulein Klein.
                Ist Herr Hartmann da?
Fräulein Klein: Nein, Herr Hartmann ist nicht da.
Herr Weber: Kommt er heute noch?
Fräulein Klein: Nein, er ist verreist. Er ist in Hamburg.
Herr Weber: Und Herr Meier?
Fräulein Klein: Herr Meier ist leider auch nicht da. Er ist zu Haus.
Herr Weber: Wann kommt Herr Hartmann zurück?
Fräulein Klein: Heute abend oder morgen früh.
Herr Weber: Dann rufe ich morgen oder Montag wieder an.
Fräulein Klein: Ja, ist gut. Auf Wiederhören!
Herr Weber: Auf Wiederhören, Fräulein Klein.

Fragen und Antworten

Was ist das?
Das ist ein Telefon.
Wer ist am Apparat?
Herr Weber ist am Apparat.
Was ist Herr Weber? – Er ist Techniker.
Wie ist er? – Er ist nett und freundlich.
Wer ist das?
Das ist Fräulein Klein.
Wo ist sie? – Sie ist im Büro.
Wie ist sie? – Sie ist jung und hübsch.

Wie heißen Sie?

A: Wie ist Ihr Name bitte?
B: Ich heiße .. *C.S.*
A: Woher kommen Sie?
B: Ich komme aus . *E-h., m I*
A: Sind Sie ledig, verheiratet, geschieden?
B: Ich bin .. *verheiratet*
A: Was ist Ihr Beruf?
B: Ich bin … Ich lerne Deutsch.
A: Wie lange bleiben Sie hier?
B: *Ich werde ein Jahr bleiben.*

Er wird Elektriker.

A: Wie lange lernst du schon?
B: Zwei Jahre.
A: Und wann bist du fertig?
B: Nächstes Jahr.
A: Machst du eine Prüfung?
B: Ja, natürlich.
A: Was bist du dann?
B: Elektriker.
A: Dann viel Erfolg!

15

1 Wer ist das?　　　　　　　　　　　　　　　　　　　　　　　　　**T 1**

Herr Hartmann → Das ist Herr Hartmann.

1. Herr Hartmann 2. Fräulein Klein 3. Herr Weber 4. Frau Hartmann 5. Herr Schmitt

2 Was ist das?　　　　　　　　　　　　　　　　　　　　　　　　　**T 2**

ein Taxi → Das ist ein Taxi.

1. ein Taxi 2. ein Haus 3. ein Büro 4. ein Apparat 5. ein Telefon

3 Antworten Sie mit „ja":　　　　　　　　　　　　　　　　　　　**T 3**

Sind Sie in Frankfurt? → Ja, ich bin in Frankfurt.

1. Sind Sie in Frankfurt? 2. Sind Sie im Büro? 3. Sind Sie morgen da? 4. Sind Sie Montag in Berlin? 5. Sind Sie heute zu Haus?

4 Antworten Sie mit „nein":　　　　　　　　　　　　　　　　　　**T 4**

Ist Herr Hartmann in Berlin? → Nein, er ist nicht in Berlin.

1. Ist Herr Hartmann in Berlin? 2. Ist Frau Hartmann in Hamburg? 3. Ist Herr Schmitt in München? 4. Ist Herr Weber in Köln? 5. Ist Fräulein Klein verreist?

5 Bitte wiederholen Sie:　　　　　　　　　　　　　　　　　　　**T 5**

Ich bin hier – sie ist hier – er ist auch hier – wir sind hier.　　　　　ı – i
Sind Sie in Berlin? – Nein, ich bin nicht in Berlin.
Ist Herr Hartmann am Apparat? – Nein, er ist nicht am Apparat.　　ha – 'a
Herr Hartmann ist heute nicht zu Haus. Er ist in Hamburg.　　　　　h

6 Bitte antworten Sie:　　　　　　　　　　　　　　　　　　　　　**G 2.3**

Sind Sie Student? → Ja, ich bin Student./Nein, ich bin **kein** Student.
Sind Sie verheiratet? → Ja, ich bin verheiratet./Nein, ich bin **nicht** verheiratet.

1. Sind Sie Student? 2. Sind Sie Ausländer? 3. Sind Sie Engländer? 4. Sind Sie verheiratet? 5. Sind Sie Techniker? 6. Sind Sie Lehrer? 7. Sind Sie ledig? 8. Sind Sie Amerikaner? 9. Sind Sie im Büro? 10. Sind Sie Elektriker?

Wer ist das?	– Das ist **Fräulein Klein.**
Was ist Herr Weber?	– Herr Weber ist **Techniker.**
Wie ist er?	– Er ist **nett und freundlich.**

7 Bilden Sie Fragen (wer – was – wie):

1. ....?	Das ist *Herr Weber.*
2. ....?	Er ist *Techniker.*
3. ....?	Das ist *Fräulein Klein.*
4. ....?	Sie ist *Sekretärin.*
5. ....?	Sie ist *sehr nett.*
6. ....?	Das sind *Herr und Frau Hartmann.*
7. ....?	Frau Hartmann ist *Lehrerin.*
8. ....?	*Fräulein Ito* ist Studentin.
9. ....?	Sie ist *sehr freundlich.*
10. ....?	*Ich bin Heinz Müller*, Ihr Lehrer.

Ich **bin** Elektriker. Was **bist** du? – Ich **bin** Schüler.
Fräulein Klein **ist** Sekretärin. Herr Müller **ist** Lehrer.
Sie **sind** Studenten. Und was **seid** ihr? – Wir **sind** Schüler.

8 bin – bist – ist – sind – seid:

1. Mein Name . . . . . Müller. 2. Wer . . . . . Sie? – 3. Ich . . . . . Fräulein Klein. 4. Ich
. . . . . hier Sekretärin. 5. Herr Weber . . . . . Techniker. 6. Er . . . . . sehr nett. 7. Wo
. . . . . Herr Hartmann? – 8. Er . . . . . verreist. 9. Morgen . . . . . er wieder zurück.
10. Hallo Anna, wo . . . . . du? – 11. Ich . . . . . in Köln. – 12. Und wo . . . . . Monika? –
Monika . . . . . auch hier. – 13. Wann . . . . . ihr wieder zu Haus? – 14. Morgen . . . . .
wir wieder zurück. 15. Herr und Frau Schmitt . . . . . in Spanien. Sie . . . . im Urlaub. 16. . . . . . Sie verheiratet, Herr Weber? – 17. Nein, ich . . . . . ledig. 18. Wo . . . . .
ihr? – 19. Wir . . . . . zu Haus. 20. Und wo . . . . . du? – 21. Ich . . . . . im Büro. 22. Wer
. . . . . das? – 23. Das . . . . . Otto. – 24. Wie alt . . . . . er? – 25. Er . . . . . siebzehn. –
26. Was macht er? – Er . . . . . noch Schüler.

EXPO ist eine Exportfirma. Sie exportiert Maschinen und Apparate in viele Länder. Herr Hartmann ist ihr Chef. Er ist oft nicht da, sondern verreist. Hier ist sein Büro. Fräulein Klein ist seine Sekretärin. Sie telefoniert, notiert Termine und schreibt Briefe.

Herr Meier ist Ingenieur. „Ist das Ihr Büro, Herr Meier?" – „Ja, das ist mein Büro." Herr Weber ist Techniker. Er arbeitet oft im Ausland. Günter ist 17 Jahre alt und in Ausbildung. Herr Meier ist sein Ausbilder. Günter wird Elektriker. Er lernt noch ein Jahr und macht dann eine Prüfung. Dann ist er Elektriker.

9 Bitte antworten Sie:

1. Was ist EXPO? ....

2. Was exportiert sie? ....

3. Was ist Fräulein Klein? ....

4. Wer ist ihr Chef? ....

5. Was macht Fräulein Klein? ....

6. Wer ist Ingenieur? ....

7. Wo arbeitet Herr Weber? ....

8. Was wird Günter? ....

10 Bilden Sie Fragen:

1. .... EXPO exportiert *Maschinen.*

2. .... EXPO ist *eine Exportfirma.*

3. .... Fräulein Klein *telefoniert.*

4. .... *Nein, Herr Hartmann ist nicht da.*

5. .... Herr Meier ist *Ingenieur.*

6. .... *Herr Weber* ist Techniker.

7. .... Günter wird *Elektriker.*

8. .... Er lernt noch *ein Jahr.*

11 Interview (Stellen Sie Fragen):

Wie heißen Sie/heißt du? – Was sind Sie/bist du? – Was machen Sie/machst du? – Wo arbeiten (studieren, lernen) Sie/arbeitest (studierst, lernst) du? – Wie lange bleiben Sie/bleibst du hier?

Mein Auto

A: O, was ist denn das?
B: Das ist mein Auto.
A: Häßlich ist es nicht.
B: Und ganz neu.
A: Ist das ein Sportwagen?
B: Ja, das ist ein Porsche.
A: So ein Auto ist bestimmt sehr teuer.
B: Ja, aber es ist auch
   schön und schnell.
A: Mein Typ ist das nicht.
   Langsam, aber sicher –
   und billig,
   das ist mein Auto.

12 Bitte ergänzen Sie: T 6

Beispiel 1: schön → Das Auto ist schön.
Beispiel 2: Das Auto ist schön. Wie ist es? → Es ist schön.

1. schön 2. neu 3. teuer 4. sehr schnell 5. nicht billig

13 Bitte ergänzen Sie: T 7

Beispiel 1: Es ist nicht alt. → Es ist neu.

1. Es ist nicht alt. 2. Es ist nicht billig. 3. Es ist nicht langsam. 4. Es ist nicht neu.
5. Es ist nicht teuer. 6. Es ist nicht schnell.

Beispiel 2: Es ist neu. → Es ist nicht alt.

1. Es ist neu. 2. Es ist schnell. 3. Es ist teuer. 4. Es ist alt. 5. Es ist langsam. 6. Es ist billig.

14 Bilden Sie Fragen und Antworten:

Hier ist ein Buch.	Ist es **billig**? – Nein, es ist **teuer**.		
Dort ist ein Haus.	Ist es **groß**? – Nein, es ist **klein**.		
1. ein Auto	5. ein Haus	alt	häßlich	teuer
2. ein Büro	6. eine Maschine	billig	klein	schnell
3. eine Firma	7. ein Wagen	groß	langsam	schön
4. eine Sekretärin	8. ein Apparat	jung	neu	(nicht) sicher

heißen	sein	werden
Ich **heiße** Günter. Sie **heißt** Monika. Wie **heißt** du?	Ich **bin** Schüler. Sie **ist** Studentin. Was **bist** du?	Ich **werde** Elektriker. Sie **wird** Lehrerin. Was **wirst** du?

15 heißen – sein – werden:

1. (heißen) Wie . . . . Sie? – Ich . . . . Müller. 2. (sein) Was . . . . . Sie von Beruf? – Ich . . . . . Lehrer. 3. (heißen) Wie . . . . du? – Ich . . . . Günter. 4. (werden) Was . . . . du? – Ich . . . . Elektriker. 5. (sein) Wer . . . . . das? – Das . . . . . Monika. 6. (sein) Was . . . . . ihr? – Wir . . . . . Schüler. 7. (werden) . . . . . sie Lehrerin? – Ja, sie . . . . . Lehrerin. 8. (sein) Peter, ... du auch Schüler? – Ja, ich . . . . . auch Schüler. 9. (werden) . . . . du auch Lehrer? – Nein, ich . . . . Ingenieur. 10. (sein) Und was . . . . du?

16 Wie heißen Sie? – Was sind Sie? – Was werden Sie?

Ich heiße	Ich bin Schüler(in). Student(in). in Ausbildung.	Ich werde Ingenieur. (bin) Lehrer(in). Sekretärin. Techniker.

> Hier ist **ein** Heft. Ist das **Ihr** Heft, Fräulein Ito? – Ja, das ist **mein** Heft.
> Ist das **euer** Zug? – Nein, das ist nicht **unser** Zug. **Unser** Zug kommt in 5 Minuten.

17 ein/eine – mein/meine – dein/deine – sein/seine – unser/unsere usw.:

1. Hier ist . . . . . Buch. 2. Ist das . . . . . Buch, Herr Müller? – 3. Ja, das ist . . . . . Buch. 4. Ist das . . . . . Buch, Maria? – 5. Nein, das hier ist . . . . . Buch. 6. Ist das . . . . . Büro, Fräulein Klein? – 7. Ja, das ist . . . . . Büro. – 8. Und wer ist . . . . . Chef? – 9. . . . . . Chef ist Herr Hartmann. – 10. Was exportiert . . . . . Firma? – 11. . . . . Firma exportiert Maschinen. 12. Günter ist in Ausbildung. Herr Meier ist . . . . . Ausbilder. 13. Günter, wer ist . . . . . Ausbilder? – 14. Herr Meier ist . . . . . Ausbilder. 15. Sie sind meine Schüler. Ich bin . . . . . Lehrer. 16. Hier sind . . . . . Hefte.

Hörsaal in der Universität

Ausbildung und Studium

Werner ist 15 Jahre alt. Er lernt Automechanik. Die Ausbildung (Berufsschule und Praxis) dauert 3 Jahre. Mit 18 macht er eine Prüfung. Dann ist er Automechaniker.
Monika ist 19 Jahre alt und macht Abitur. Sie wird Lehrerin. Sie studiert Englisch und Französisch. Das Studium dauert 8 bis 10 Semester. Dann macht sie das Staatsexamen.
Wolfgang ist Student. Er studiert Jura. Kurt studiert Physik und Mathematik. Ursula studiert Medizin. Sie wird Ärztin. Barbara studiert Philosophie.

Schreiben Sie:

Name: ...Sherrill............ Vorname: ...Carolyn................

geboren: ...27-4-59......... in: ....Ely, MN.../...USA...........

       (Tag/Monat/Jahr)   (Ort)   (Land)

Beruf:...Musiklehrerin........................

Familienstand: (led./verh./gesch.)........................

Anschrift: ..Dieburger Str. 241., 6100 DA.............

                                      C.Sherrill............

                                      (Unterschrift)

3 Am Kiosk

Herr Weber: Einmal „Spiegel" und die „Süddeutsche Zeitung" bitte!

Verkäuferin: Die „Süddeutsche" 70 Pfennig, der „Spiegel" 2 Mark 50, das macht 3 Mark 20.

Herr Weber: Wie teuer sind die Karten hier?

Verkäuferin: Eine Karte kostet 40 Pfennig.

Herr Weber: Ich nehme 6 Stück. Hier, bitte zählen Sie!

Verkäuferin: Eins, zwei, drei, vier, fünf, sechs.
Sechsmal 40 sind 2 Mark 40. Möchten Sie noch etwas?

Herr Weber: Nein, danke. Das ist alles.

Verkäuferin: 3 Mark 20 und 2 Mark 40 sind 5 Mark 60.

Herr Weber: Hier sind 10 Mark.

Verkäuferin: Danke. 5 Mark 60 und 40 Pfennig, das sind 6 Mark, sechs, sieben, acht, neun, zehn.

Herr Weber: Halt, ich brauche noch Zigaretten, HB Filter, bitte!

Verkäuferin: Bitte sehr! Einmal Zigaretten, das macht 2 Mark 70.
Dann bekommen Sie 1 Mark 70 zurück. Auf Wiedersehn!

1984 kostet der „Spiegel" 4 Mark, die „Süddeutsche" 1 Mark 20, eine Karte 60 Pfennig, Zigaretten 4 Mark.

Zählen und rechnen

Wie viele Studenten sind hier?
Bitte zählen Sie! ....
Zählen Sie jetzt sieben und vier zusammen!
Ich addiere: 7 plus 4, das ist elf.
Ziehen Sie 8 von 17 ab!
Ich subtrahiere: 17 minus 8 ist neun.
Rechnen Sie dreimal acht!
Ich multipliziere: 3 mal 8, das gibt 24.
Teilen Sie 18 durch 6!
Ich dividiere: 18 durch 6, das gibt drei.

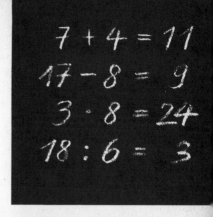

$$7 + 4 = 11$$
$$17 - 8 = 9$$
$$3 \cdot 8 = 24$$
$$18 : 6 = 3$$

Im Postamt

A: Guten Morgen! Ich möchte Geld abheben.
    Hier ist mein Postsparbuch.
B: Wieviel möchten Sie?
A: 200 Mark, bitte.
B: Fünfzig, hundert, hundertfünfzig,
    160, 170, 180, 190, 200 Mark.
A: Und noch Briefmarken, 10 zu 50 Pfennig.
B: Briefmarken gibt es hier leider nicht.
A: Wo bekomme ich Briefmarken?
B: Schalter 11, vorne rechts.

Die Rechnung bitte!

A: Herr Ober, die Rechnung bitte!
B: Was zahlen Sie?
A: Ich zahle alles zusammen, dann teilen wir.
B: 4 Menüs zu acht fünfzig,
    4 Bier zu eins sechzig, kein Brot, –
    das macht zusammen 40 Mark 40.
A: Hier sind 42 Mark. Stimmt so.
B: Danke schön. Guten Abend!
A: Wir sind 4 Personen.
    42 Mark geteilt durch 4:
    Das macht 10 Mark 50 pro Person.

1 Wir zählen: T 1

1	eins	11	elf	21	einundzwanzig	40	vierzig
2	zwei	12	zwölf	22	zweiundzwanzig	50	fünfzig
3	drei	13	dreizehn	23	dreiundzwanzig	60	sechzig
4	vier	14	vierzehn	24	vierundzwanzig	70	siebzig
5	fünf	15	fünfzehn	25	fünfundzwanzig	80	achtzig
6	sechs	16	sechzehn	26	sechsundzwanzig	90	neunzig
7	sieben	17	siebzehn	27	siebenundzwanzig	100	hundert
8	acht	18	achtzehn	28	achtundzwanzig		
9	neun	19	neunzehn	29	neunundzwanzig		
10	zehn	20	zwanzig	30	dreißig		

2 Bitte wiederholen Sie: T 2

zwei – zehn – zwölf – zwanzig – zweiundzwanzig	ts – tsv
sechs – sechzehn – sechzig – sechsundsechzig	z – ks – ç
fünf – fünfzehn – fünfzig – fünfundfünfzig	f – y
zwei Zeitungen – sechzig Zigaretten – fünf Bücher	ts – ç – y

3 Wir zahlen: T 3

1, – DM	eine Mark	1,80 DM	7,70 DM	1,13 DM
1,10 DM	eine Mark zehn	1,90 DM	8,80 DM	3,98 DM
1.20 DM	eine Mark zwanzig	2, – DM	9,90 DM	6.66 DM
1,30 DM	eine Mark dreißig	2,20 DM	10, – DM	32, – DM
1,40 DM	eine Mark vierzig	3,30 DM	1,25 DM	11,07 DM
1,50 DM	eine Mark fünfzig	4,40 DM	3,65 DM	0,80 DM
1,60 DM	eine Mark sechzig	5,50 DM	9,85 DM	0,13 DM
1,70 DM	eine Mark siebzig	6,60 DM	4,12 DM	0,98 DM

4 Wir rechnen:

Wieviel ist das: Zwei und drei, mal zwei, minus sechs, mal vier, durch zwei, mal fünf, plus neun, durch sieben, minus sechs.

Wieviel ist das: Dreimal drei, plus sieben, durch vier, mal fünf, plus fünfzehn, minus zwei, mal zwei, plus vierunddreißig, minus einhundert.

5 Schreiben und lesen Sie:

1 ....   16 ....   39 ....

5 ....   17 ....   55 ....

6 ....   20 ....   66 ....

12 ....   21 ....   100 ....

1,10 DM eine Mark zehn   0,57 DM ....

3,30 DM ....   10,50 DM ....

2,85 DM ....   12,67 DM ....

0,50 DM ....   50,00 DM ....

0,98 DM ....   100,00 DM ....

Bitte, wo **gibt es** Zeitungen? – Zeitungen **bekommen** Sie am Kiosk.
Ein Bier **kostet** 1 Mark 60. Vier Bier, **das macht** 6 Mark 40.
Herr Ober, ich möchte **zahlen**. – 10 Mark, und 3 Mark zurück, bitte **zählen** Sie.

---

6 Ergänzen Sie die Verben:

1. Wieviel ..kostet.. eine Karte? – 2. Eine Karte ..kostet.. 60 Pfennig. – 3. Ich nehme 6 Stück. Hier, ..zahlen.. Sie, bitte! 4. Wo ..gibt.. es Briefmarken? – 5. Briefmarken ..bekommen.. Sie im Postamt. – 6. Und wo ..gibt.. es Postkarten? – 7. Postkarten ..bekommen.. Sie auch im Postamt. – 8. Herr Ober, bitte ..zahlen..! – 9. Was ..bekommen.. Sie? – 10. Ich ..zahle.. alles zusammen. – 11. Das ..macht.. zusammen 40 Mark. – 12. Wo ..gibt.. es hier Zigaretten? – 13. Zigaretten ..bekommen.. Sie hier. – 14. Wieviel ..kosten.. die Zigaretten? – 15. 20 Zigaretten ..kosten.. jetzt 4 Mark.

7 Bilden Sie Fragen und Antworten:

Wo gibt es Wo bekomme ich	Zeitungen? Postkarten? Briefmarken?	Wieviel kostet(-en) Wie teuer ist/sind	eine Zeitung? drei Karten? eine Briefmarke? 20 Zigaretten?

Falschgeld

A geht in ein Schuhgeschäft und kauft ein Paar Schuhe. Die Schuhe kosten 100 Mark. A gibt Kaufmann B 500 Mark. Kaufmann B hat aber nicht genug Wechselgeld. Er geht zu Kaufmann C und wechselt die 500 Mark in fünf Hundertmarkscheine. Dann kommt Kaufmann B wieder zurück und gibt A die Schuhe und 400 Mark. A geht zufrieden weg, und auch Kaufmann B ist nicht unzufrieden. Doch dann kommt Kaufmann C zu B und sagt: „Der Fünfhundertmarkschein ist leider falsch. Hier, nehmen Sie das Geld zurück!" Kaufmann B nimmt die 500 Mark und gibt C fünf Hundertmarkscheine. Wie hoch ist der Verlust von B?*

8   Bitte antworten Sie:

1. Wohin geht A? ....
2. Was kauft er dort? ....
3. Wieviel kosten die Schuhe? ....
4. Was hat B nicht? ....
5. Wohin geht er? ....
6. Was macht er dort? ....
7. Wieviel zahlt B an A zurück? ....
8. Wieviel gibt B an C zurück? ....
9. Wie hoch ist der Verlust von B? ....
10. Wie groß ist der Gewinn von A? ....

9   Bilden Sie Fragen:

1. .... A kauft *ein Paar Schuhe*.
2. .... Er gibt B *fünfhundert Mark*.
3. .... Die Schuhe kosten *100 Mark*.
4. .... *Der Fünfhundertmarkschein* ist falsch.
5. .... C gibt B *fünf 100-Mark-Scheine*.
6. .... A bekommt von B *400 Mark* zurück.
7. .... A geht *zufrieden* weg.
8. .... B zahlt *400 Mark* zurück.
9. .... A macht *500 Mark* Gewinn.

* Der Verlust von B ist so groß wie der Gewinn von A!

Uhrzeiten

A: Entschuldigen Sie,
– wann kommt hier ein Bus?
B: Zehn nach eins.
A: Um wieviel Uhr, bitte?
B: Um ein Uhr zehn.
A: Und wie spät ist es jetzt, bitte?
B: Jetzt ist es 12 Uhr 40,
– 20 Minuten vor eins.
A: Das dauert aber noch lange.
B: Ja, eine halbe Stunde.
A: Vielen Dank! – Dann nehme ich lieber ein Taxi.

10

T 5

1.10 Uhr	8.50 Uhr	7.30 Uhr	12.15 Uhr
ein Uhr zehn	acht Uhr fünfzig	sieben Uhr dreißig	zwölf Uhr fünfzehn
zehn nach eins	zehn vor neun	halb acht	Viertel nach zwölf

11 Bitte wiederholen Sie: T 6

1.10 Uhr, 1.20 Uhr, 8.50 Uhr, 7.30 Uhr, 11.05 Uhr, 12.45 Uhr,
9.12 Uhr, 14.15 Uhr, 19.47 Uhr, 20.36 Uhr, 23.58 Uhr, 0.01 Uhr.

12 Wieviel Uhr ist es? Schreiben Sie: T 7

1.10 Uhr – Es ist zehn nach eins.   1.50 Uhr – Es ist zehn vor zwei.

1.20 Uhr – Es ist . . . .   12.40 Uhr – Es ist . . . .

4.05 Uhr – . . . .   14.55 Uhr – . . . .

13.10 Uhr – . . . .   21.50 Uhr – . . . .

7.30 Uhr – . . . .   1.15 Uhr – . . . .

9.30 Uhr – . . . .   6.15 Uhr – . . . .

16.30 Uhr – . . . .   14.15 Uhr – . . . .

Wann	kommt der Bus?	– Um ein Uhr zehn.
Um wieviel Uhr	fährt der Bus?	– Um Viertel nach eins.
Wie spät/Wieviel Uhr	ist es jetzt?	– Jetzt ist es 12 Uhr 40.
Wie lange	dauert die Fahrt?	– 30 Minuten.

13 Bilden Sie Fragen (wann, um wieviel Uhr, wie spät, wieviel Uhr, wie lange):

1. .... Der Bus kommt um halb drei.
2. .... Jetzt ist es zehn vor halb.
3. .... Der Unterricht beginnt um 9.
4. .... Er dauert 45 Minuten.
5. .... Um 9 Uhr 30 ist Pause.
6. .... Die Pause dauert 15 Minuten.
7. .... Montag fahren wir in Urlaub.
8. .... Wir fahren um 5 Uhr früh.
9. .... Jetzt ist es schon 10 vor 9.

G 3.4

maskulin	*neutral*	*feminin*	*Plural*
Wer ist **der** Herr?	Wo ist **das** Haus?	Wer ist **die** Frau?	Hier sind **die** Papiere.
Wo ist **der** Brief?	Hier ist **das** Auto.	Wie heißt **die** Firma?	Wer sind **die** Leute?

14 der – das – die:

1. Wer ist ..... Herr? 2. Wie heißt ..... Firma? 3. Wann kommt ..... Bus? 4. Wo ist hier ..... Büro? 5. Hier ist ..... Haus. 6. Wo ist ..... Sekretärin? 7. Hier sind ..... Zeitungen. 8. Wer sind ..... Leute? 9. Wohin fliegt ..... Maschine? 10. Wo arbeitet ..... Frau? 11. Da kommt ..... Taxi. 12. Wie alt ist ..... Kind? 13. Hier ist ..... Auto. 14. Wie teuer ist ..... Wagen? 15. Wieviel kosten ..... Schuhe? 16. Wo ist ..... Geschäft? 17. Wie heißt ..... Kaufmann?

15 Bilden Sie Fragen und Antworten:

Wo ist	der	Chef?	Der	Chef	ist	nicht da.
(sind)	das	Büro?		Büro	(sind)	dort.
	die	Sekretärin?		Sekretärin		im Büro.
	der	Ingenieur?		Ingenieur		hier rechts.
	die	Zeitungen?		Zeitungen		verreist.

Supermarkt

Preise:

	1976	1984		1976	1984
1 Kilo Brot	2,10 DM	2,80 DM	1 Kilo Kartoffeln	0,74 DM	2,40 DM
1 Kilo Butter	8,80 DM	10,30 DM	1 Kilo Reis	1,64 DM	3,50 DM
1 Liter Milch	1,20 DM	1,25 DM	1 Kilo Fleisch	14,50 DM	16,50 DM
1 Kilo Käse	12,33 DM	15,50 DM	1 Kilo Fisch	8,03 DM	10,75 DM
1 Kilo Zucker	1,70 DM	1,99 DM	1 Kilo Salz	0,72 DM	1,70 DM
½ Kilo Kaffee	14,50 DM	12,00 DM	100 Gramm Tee	2,85 DM	3,00 DM

1 kg = 1000 Gramm; 1 Pfund = 500 Gramm; ½ (ein halbes) Pfund = 250 Gramm

Herr Müller kauft ein. Er kauft ein Brot zu 2 Mark 80, dann 5 Pfund Kartoffeln und ein Viertelpfund Butter. Er braucht auch noch Fleisch, 750 Gramm Rindfleisch. Fleisch ist sehr teuer. Ein Kilo kostet 16 Mark 50. Wieviel macht das zusammen? . . . .

Aufgaben:

1. Ein Kilo Butter kostet 10,30 DM. Wieviel kostet 1 Pfund, wieviel kosten 100 Gramm?
2. Vergleichen Sie die Preise von 1976, 1984 und jetzt.

4

Im Hotel

Herr Hartmann: Guten Abend! Mein Name ist Hartmann.
Portier: Guten Abend!
                Wir haben leider kein Zimmer mehr frei.
Herr Hartmann: Ich bin aber angemeldet.
Portier: Wie war Ihr Name bitte?
Herr Hartmann: Hans Hartmann, aus Frankfurt.
Portier: Ja, richtig. Sie haben Zimmer 127,
                ein Einzelzimmer mit Bad.
Herr Hartmann: Habe ich Post?
Portier: Moment mal, – Sie haben zwei Briefe
                und ein Telegramm.
                Haben Sie Gepäck?
Herr Hartmann: Ich habe einen Koffer und eine Tasche.
Portier: Wir bringen das Gepäck nach oben.
                Haben Sie sonst noch einen Wunsch?
Herr Hartmann: Nein, danke! Guten Abend!

Wir haben

Ich habe eine Familie:
Vater, Mutter, Geschwister.
Ich habe Freunde, Feinde, Bekannte.
Wir haben Hunger und Durst.
Wir haben Kopfschmerzen und Fieber.
Wir haben wenig Zeit
und nicht genug Geld.
Manchmal haben wir Glück,
und manchmal haben wir Pech.
Und jetzt haben wir Unterricht.

Ihren Ausweis bitte!

A: Mein Name ist Miller, Bob Miller.
   Habe ich Post?
B: Haben Sie einen Ausweis?
A: Nein, ich habe keinen.
B: Auch keinen Paß?
A: Meinen Paß habe ich zu Haus.
B: Haben Sie einen Führerschein
   oder andere Papiere?
A: Nein, leider nicht.
B: Dann kommen Sie morgen wieder
   und bringen Sie Ihren Ausweis mit!

Zimmersuche

A: Du, ich suche ein Zimmer.
B: Hast du denn keins?
A: Doch, ich habe eins,
   aber das ist sehr klein.
B: Hast du schon ein Angebot?
A: Nein, noch nicht.
B: Du, ich weiß eine Wohnung,
   die hat 3 Zimmer und einen Balkon.
A: Und was kostet die Wohnung?
B: 500,– DM. Mieten wir sie zusammen?

1 Bitte ergänzen Sie: T 1

Beispiel 1:	Zeit → Ich habe Zeit.
Beispiel 2:	Zeit → Ich habe keine Zeit.

1. Zeit 2. Geld 3. Arbeit 4. Haus 5. Familie

2 Antworten Sie mit „ja":   T 2

Haben Sie Zeit? → Ja, ich habe Zeit.

1. Haben Sie Zeit? 2. Haben Sie Geld? 3. Haben Sie Arbeit? 4. Haben Sie ein Haus?
5. Haben Sie eine Familie?

3 Antworten Sie mit „doch":   T 3

Hat er keine Zeit? → Doch, er hat Zeit.

1. Hat er keine Zeit? 2. Hat er kein Geld? 3. Hat er keine Arbeit? 4. Hat er kein Haus?
5. Hat er keine Familie?

4 Bitte wiederholen Sie: T 4

ich habe – er hat – wir haben – sie hat – sie haben   h
Er hat ein Haus. Herr Hartmann hat ein Auto. Er hat Arbeit.   ha – 'a
Ich habe viel Arbeit. Sie haben ein Telegramm. Haben Sie eine Tasche?   h
Sie hat kein Haus. Sie hat keine Arbeit, sie hat heute frei.   ha – 'a

5 Antworten Sie mit „doch":

Haben Sie kein Zimmer? → Doch, ich habe ein Zimmer.

1. Haben Sie kein Zimmer? 2. Haben Sie kein Telefon? 3. Wohnen Sie nicht hier?
4. Lernen Sie nicht Deutsch? 5. Sind Sie nicht verheiratet? 6. Haben Sie keine Kinder?
7. Fahren Sie nicht nach Haus?

6 Bilden Sie Fragen und Antworten: G 4.4

Haben Sie ein Buch?	→ **Ja,** ich habe ein Buch.
Haben Sie eine Uhr?	→ **Nein,** ich habe keine Uhr.
Haben Sie keinen Ausweis?	→ **Doch,** ich habe einen Ausweis.

1. ein Buch 2. einen Paß 3. eine Wohnung 4. kein Telefon 5. keinen Ausweis 6. eine
Zeitung 7. einen Brief 8. keine Zigaretten 9. ein Auto 10. kein Geld 11. keinen Koffer 12. keine Uhr 13. keinen Wagen 14. ein Telegramm 15. keine Familie 16. Geschwister 17. einen Wunsch 18. keinen Paß

> **Habe** ich Post? — Ja, Sie **haben** zwei Briefe.
> **Hast** du ein Auto? — Nein, ich **habe** keins, aber er **hat** eins.
> Wir **haben** frei. **Habt** ihr heute nicht frei?

7 habe – hast – hat – haben – habt?

1. .... ich Post? – 2. Ja, Sie .... zwei Briefe. 3. .... du kein Buch? – 4. Doch, ich .... ein Buch. 5. .... Sie ein Haus, Herr Meier? – 6. Nein, wir .... eine Wohnung. 7. Wo .... du deinen Paß? – 8. Meinen Paß .... ich zu Haus. 9. Was .... er? .... er Durst? – 10. Nein, er .... Hunger. 11. Ihr .... doch sicher Hunger. – 12. Nein, wir .... keinen Hunger. 13. Was .... er denn? .... er Fieber? – 14. Nein, er .... Kopfschmerzen. 15. Wie viele Geschwister .... du? – 16. Ich .... einen Bruder und eine Schwester. 17. Wer .... einen Führerschein? – 18. Wir .... alle einen Führerschein. 19. .... ihr heute frei? – 20. Nein, heute .... wir Unterricht.

> Haben Sie **ein** Buch? — Ja, ich habe **eins.**
> Haben Sie **eine** Wohnung? — Nein, ich habe **keine.**
> Haben Sie **einen** Paß? — Nein, ich habe leider **keinen.**

8 ein(s) – eine – einen – kein(s) – keine – keinen?

1. Haben Sie noch .... Zimmer? – 2. Nein, wir haben leider .... mehr frei. 3. Haben Sie denn .... Gepäck? – 4. Doch, ich habe .... Koffer und .... Tasche. 5. Habe ich .... Brief? – 6. Ja, Sie haben .... Brief und .... Telegramm. 7. Suchen Sie .... Wohnung? – 8. Ja, ich suche .... 9. Hat das Zimmer .... Bad? – 10. .... Bad ja, aber leider .... Telefon. 11. Trinken Sie Kaffee? – Nein, ich trinke .... Kaffee, nur Tee. 12. Haben Sie .... Auto? – 13. Nein, ich habe .... 14. Sie hat Kopfschmerzen, aber sie hat .... Fieber. 15. Wir haben leider .... Glück, immer nur Pech. 16. Haben Sie .... Zeit? – 17. Nein, ich habe .... Zeit. 18. Haben Sie .... Paß? – 19. Natürlich habe ich .... 20. Haben Sie denn ....?

Lieber Kommilitone !
Sie suchen ein Zimmer, wir haben eins! Wir sind drei
Studenten und haben zusammen eine Wohnung. Die Wohnung
liegt zentral (Nähe U–Bahn). Das Haus ist alt und
hat keinen Lift. Wir haben auch kein Telefon.
Aber die Wohnung ist sehr groß: sie hat 5 Zimmer,
Küche, Bad, W.C. und einen Balkon. Jeder hat ein Zimmer.
Das "Wohnzimmer" – mit Fernseher – haben wir gemeinsam.
Ein Zimmer ist noch frei. Jeder zahlt 150 Mark Miete,
zusammen 600 Mark monatlich. Die Nebenkosten (Strom,
Gas, Heizung usw.) teilen wir.
Kommen Sie oder schreiben Sie bald!

Mit freundlichen Grüßen

Martin Sauer

9 Bitte antworten Sie:

1. Was sucht der Student? . . . .

2. Was haben die drei Studenten? . . . .

3. Wo liegt die Wohnung? . . . .

4. Hat das Haus einen Lift? . . . .

5. Wie viele Zimmer hat die Wohnung? . . . .

6. Wie hoch ist die Miete? . . . .

10 Bilden Sie Fragen:

1. . . . .   *Ja, wir haben eine Wohnung.*

2. . . . .   Die Wohnung hat *5 Zimmer.*

3. . . . .   *Ja, ein Zimmer ist noch frei.*

4. . . . .   *Nein, das Haus hat keinen Lift.*

5. . . . .   Die Miete ist *150,– DM.*

6. . . . .   Die Heizung kostet *30 Mark* monatlich.

11 Interview (Stellen Sie Fragen):

Wo wohnen Sie / wohnst du? – Haben Sie / Hast du ein Zimmer oder eine Wohnung? –
Ist das Zimmer / die Wohnung groß? – Wie hoch ist die Miete?

Arm oder reich

Früher war er jung und arm.
Er hatte keine Arbeit
und kein Geld.
Damals hatte er nichts,
nur Zeit, sehr viel Zeit.

Dann hatte er Arbeit und Geld,
er hatte ein Haus und ein Auto.
Er war reich und hatte alles,
nur keine Zeit.
Jetzt hat er wieder keine Arbeit,
aber Zeit, sehr viel Zeit.

12 Was war früher? Bitte antworten Sie: **T 6**

Beispiel 1: Jetzt hat er ein Haus. → Früher hatte er kein Haus.
Beispiel 2: Jetzt ist er alt.   → Früher war er jung.

1. Jetzt hat er ein Haus. 2. Jetzt hat er ein Auto. 3. Jetzt hat er Geld. 4. Jetzt hat er Arbeit. 5. Jetzt hat er alles. 6. Jetzt ist er alt. 7. Jetzt ist er reich. 8. Jetzt ist er langsam. 9. Jetzt ist er arm. 10. Jetzt ist er groß.

13 So ist es jetzt.   **Wie war es früher?**

Jetzt	habe	ich	ein Haus.
	hat	er/sie	eine Wohnung.
	haben	wir	ein Zimmer.
		sie	ein Auto.
			– Arbeit.
			– Zeit.
			– Geld.

Früher hatte ich kein Haus.
. . . .
. . . . wir . . . .
. . . .
. . . .
. . . . du . . . .
. . . . ihr . . . .

Mein Auto war neu.
schnell.
teuer.

Jetzt ist es . . . .
. . . .
. . . .

35

> Haben Sie keinen Paß? – **Doch, natürlich** habe ich einen.
> Hast du keine Zigaretten? – **Nein, leider nicht/leider** habe ich keine.
> Hat sie kein Telefon? – **Nein, noch nicht/leider** hat sie noch keins.

14 Fragen und antworten Sie:

.... Sie kein Zimmer?   – Doch, ...

.... du .... Freund?   – Nein, ...

.... er .... Auto?   – Nein, ...

.... sie .... Führerschein? – Doch, ...

.... ihr .... Haus?   – Nein, ...

.... sie .... Ausweis?   – Doch, ...

G 4.3

> Haben Sie **einen** Ausweis? – Nein, ich habe **keinen**. Ich habe **meinen** Paß zu Haus.
> Hat er **keine** Tasche? – Doch, er hat **eine**. – Bringen Sie bitte **seine** Tasche.

15 ein/eine/einen – kein/keine/keinen – mein/meine/meinen usw. :

1. Haben Sie .... Koffer, mein Herr? – 2. Ja, ich habe .... Koffer. – 3. Haben Sie auch .... Tasche? – 4. Ja, ... Tasche steht da. 5. Wo haben Sie .... Wagen, Herr Meier? – 6. .... Wagen hat heute .... Frau. 7. Wir haben nur .... Auto. 8. Mein Herr, ... Ausweis bitte! – 9. Ich habe nur .... Führerschein. – 10. Haben Sie .... Personalausweis? – 11. Nein, ... Paß habe ich zu Haus. 12. Habe ich heute .... Brief? – 13. Ja, Sie haben .... Brief und .... Telegramm. 14. Haben Sie sonst noch .... Wunsch? 15. Nein? Dann .... guten Abend!

> Sie hat frei.   Er hat **nicht** frei.
> Er hat Urlaub.   Sie hat **keinen** Urlaub.

16 nicht oder kein(e-en):

1. Sie hat frei. 2. Sie hat Hunger. 3. Er hat Durst. 4. Sie hat Unterricht. 5. Er hat Urlaub. 6. Er fährt nach Italien. 7. Er hat einen Führerschein. 8. Sie bleibt hier. 9. Sie hat Freunde. 10. Er hat eine Wohnung. 11. Sie hat Telefon. 12. Sie telefoniert viel. 13. Er ist verheiratet. 14. Sie arbeitet viel. 15. Er hat viel Zeit. 16. Sie ist im Büro. 17. Er fährt nach Köln.

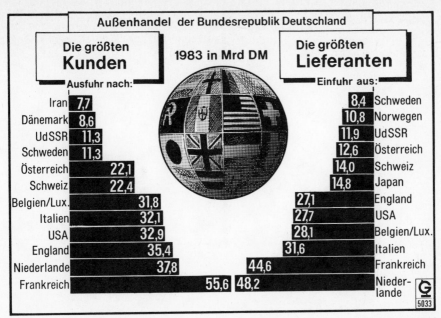

Außenhandel der Bundesrepublik Deutschland

Die größten Kunden — 1983 in Mrd DM — **Die größten Lieferanten**

Ausfuhr nach:

Land	Ausfuhr
Iran	7,7
Dänemark	8,6
UdSSR	11,3
Schweden	11,3
Österreich	22,1
Schweiz	22,4
Belgien/Lux.	31,8
Italien	32,1
USA	32,9
England	35,4
Niederlande	37,8
Frankreich	55,6

Einfuhr aus:

Einfuhr	Land
8,4	Schweden
10,8	Norwegen
11,9	UdSSR
12,6	Österreich
14,0	Schweiz
14,8	Japan
27,1	England
27,7	USA
28,1	Belgien/Lux.
31,6	Italien
44,6	Frankreich
48,2	Niederlande

5033

Außenhandel der Bundesrepublik Deutschland

Das Land, die Menschen und die Produktion

Die Bundesrepublik Deutschland ist 248 000 qkm groß. Sie hat 61,5 Millionen Einwohner. Das sind 245 Menschen pro Quadratkilometer. 1950 hatte die Bundesrepublik nur 50 Millionen Einwohner.

Die Bundesrepublik hat nicht viele Bodenschätze. Es gibt zwar Kohle, aber wenig Eisen. Es gibt auch nicht viel Erdöl und Erdgas.

Aber die Bundesrepublik hat sehr viel Industrie: Chemie und Elektrotechnik, Automobil- und Maschinenbau. Die Bundesrepublik exportiert vor allem nach Frankreich, Holland, USA, Belgien und Italien.

Aufgabe: Schreiben Sie über Ihr Land. Beginnen Sie: *Mein Land,* . . . .

. . . .

. . . .

. . . .

. . . .

. . . .

. . . .

5

Absender

Hans Hartmann
_____

Hotel International
_____

Kleiststr. 17
_____
(Postfach oder Straße und Hausnummer)

4000 Düsseldorf 1
_____
(Postleitzahl) (Ort)

Liebe Monika!

Ich bin jetzt zwei Tage
hier und fliege morgen
weiter nach Hamburg. Es
geht mir gut. Hoffentlich
geht es Euch auch gut.
Was machen Stefan, Evi und
Klaus?

    Viele Grüße
    Dein Hans

Postkarte

Frau
_____

Monika Hartmann
_____

Rosenstr. 9
_____
(Postfach oder Straße und Hausnummer)

6000   Frankfurt 30
_____
(Postleitzahl) (Bestimmungsort)

         Abs.: ....
         Merkelstr. 4
         3400 Göttingen

Johann Wolfgang Goethe-Universität
Postfach
6000 Frankfurt/Main

        10. Mai 1977

Studienplatz für Chemie

Sehr geehrte Damen und Herren,

ich bin Ausländer (.....................) und möchte in
Frankfurt Chemie studieren. Ich bin schon 6 Monate in
der Bundesrepublik und lerne hier Deutsch.
Bitte senden Sie die Zulassungsformulare an meine Adresse.

Hochachtungsvoll

....

wir sind gleich groß
wir sind gleich alt
wir sind gleich dick
wir sind gleich schwer
wir schaun gleich aus
wir sind gleich frech
sagen die Leute.
Wir sind Zwillinge.

Angelika Kaufmann

Kinderreim

Eins, zwei, drei,
alt ist nicht neu,
neu ist nicht alt,
warm ist nicht kalt,
kalt ist nicht warm,
reich ist nicht arm,
arm ist nicht reich,
und hart ist nicht weich.

Sprichwörter

Aller Anfang ist schwer.
Zeit ist Geld.
Kommt Zeit – kommt Rat.
Irren ist menschlich.
Reden ist Silber – Schweigen ist Gold.
Was ich nicht weiß, macht mich nicht heiß.
Morgenstund' hat Gold im Mund.
Ende gut, alles gut.

6   Im Büro

Fräulein Klein: Herr Weber, kommen Sie bitte in mein Büro!
Herr Weber: Was ist denn los?
Fräulein Klein: Ihr Vertrag für Argentinien ist fertig.
Herr Weber: Gut, ich komme. –
Fräulein Klein: Hier ist Ihr Vertrag, Herr Weber.
Herr Weber: Danke! Ich nehme ihn mit und lese ihn zu Haus.
Fräulein Klein: Haben Sie schon ein Visum?
Herr Weber: Nein, das Visum brauche ich noch.
Fräulein Klein: Hier nehmen Sie das Formular.
               Füllen Sie den Antrag aus,
               unterschreiben Sie ihn,
               und bringen Sie Ihren Paß und zwei Fotos mit!
Herr Weber: Brauche ich sonst noch etwas?
Fräulein Klein: Nur noch die Flugkarte.
               Die bekommen Sie auch hier im Büro.
Herr Weber: In Ordnung. Ich bringe die Sachen morgen.

Was brauchen Sie?

A: Ich brauche ein Visum.
Wo bekomme ich das?

B: Bringen Sie Ihren Paß,
dann besorge ich das Visum.

A: Ich möchte auch einen Vertrag.
Wann bekomme ich den?

B: Ich schreibe den Vertrag gerade.

A: Dann brauche ich noch eine Flugkarte.

B: Ich bestelle die Flugkarte sofort.

A: Und wann sind alle Papiere fertig?

B: Dienstag sind die Papiere fertig.

Haben Sie alles?

A: Haben Sie meinen Paß?

B: Hier haben Sie ihn.

A: Und das Visum?

B: Da ist es.

A: Und wo ist meine Flugkarte?

B: Hier habe ich sie.

A: Haben Sie auch meinen Vertrag?

B: Hier bitte, nehmen Sie ihn.

A: Und wo sind die Pläne?

B: Wir bekommen sie morgen.

Alles oder nichts

A: Was hast du denn da?

B: Einen Zettel.

A: Und was notierst du da?

B: Alles: Termine, Telefonate,
Besuche usw.

A: Und warum machst du das?

B: Ich brauche so etwas,
ich vergesse sonst alles.

A: Ich brauche keinen Zettel,
ich vergesse nichts.

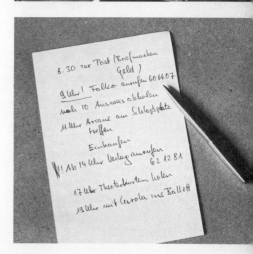

1 Bitte ergänzen Sie:

> *Beispiel 1:* Auto → Hier ist das Auto.

1. Auto 2. Paß 3. Visum 4. Tasche 5. Wagen 6. Post 7. Zettel

> *Beispiel 2:* das Auto → Ich brauche das Auto.

1. das Auto 2. der Paß 3. das Visum 4. die Tasche 5. der Wagen 6. die Post 7. der Zettel

2 Bitte antworten Sie: T 2 + 3

> *Beispiel 1:* Haben Sie einen Wagen? → Ja, ich habe einen.
>
> *Beispiel 2:* Haben Sie einen Wagen? → Nein, ich habe keinen.

1. Haben Sie einen Wagen? 2. Haben Sie einen Paß? 3. Haben Sie einen Brief? 4. Haben Sie einen Koffer? 5. Haben Sie einen Zettel?

3 Bitte antworten Sie: T 4 + 5

> *Beispiel 1:* Brauchen Sie ein Visum? → Ja, ich brauche eins.
>
> *Beispiel 2:* Brauchen Sie ein Visum? → Nein, ich brauche keins.

1. Brauchen Sie ein Visum? 2. Haben Sie einen Paß? 3. Haben Sie eine Wohnung? 4. Bestellen Sie ein Taxi? 5. Kaufen Sie eine Zeitung?

4 Bitte antworten Sie: T 6 + 7

> *Beispiel 1:* Brauchen Sie das Auto? → Ja, ich brauche es.
>
> *Beispiel 2:* Brauchen Sie das Auto? → Nein, ich brauche es nicht.

1. Brauchen Sie das Auto? 2. Brauchen Sie den Paß? 3. Brauchen Sie die Tasche? 4. Brauchen Sie das Visum? 5. Brauchen Sie den Wagen? 6. Brauchen Sie die Papiere?

G 6.1.1

Wer ist das?	– Das ist **Fräulein Klein.**
Was braucht Herr Weber?	– Er braucht **ein Visum.**
Wen ruft er an?	– Er ruft **die Sekretärin** an.

5 wer – was – wen:

1. Wer .... Das ist *Fräulein Klein.*
2. Was .... Er fragt *die Sekretärin.*
3. Wen .... Sie ruft *Herrn Weber* an.
4. Was sagt Sie? .... Sie sagt: *Haben Sie schon ein Visum?*
5. Wer .... *Herr Weber* bekommt einen Vertrag.
6. Was .... Er liest *den Vertrag* zu Haus.
7. Wer .... *Fräulein Klein* besorgt das Visum.

G 6.1

Wo ist **der** Vertrag? – Die Sekretärin hat **den** Vertrag. Sie schreibt **ihn.**
Wo ist **das** Foto? – Herr Weber hat **das** Foto. Er bringt **es** morgen.
Wo ist **die** Flugkarte? – Die Sekretärin besorgt **die** Flugkarte. Sie bestellt **sie.**
Wo sind **die** Papiere? – Herr Weber hat **die** Papiere. Er bringt **sie** morgen.

6 der/den – das – die:

1. Hier ist ..... Paß. 2. Bitte, nehmen Sie den Paß! 3. Ich brauche ..... Visum bald. 4. Ich besorge ..... Visum sofort. 5. Wo ist ..... Antrag? 6. Bitte, füllen Sie ..... Antrag aus! 7. Nehmen Sie ..... Formular. 8. Wo sind ..... Papiere? 9. ..... Sachen sind alle da. 10. Wann kommt ..... Post? 11. Ich lese ..... Briefe zu Haus. 12. Wo ist ..... Wagen? 13. Ich brauche ..... Wagen heute nicht. 14. Ich nehme ..... Bus. 15. Wann fährt ..... Bus? 16. Lesen Sie ..... Text und schreiben Sie ..... Übung.

7 er/ihn – es – sie:

1. Hier sind die Papiere. Bitte, nehmen Sie sie! 2. Wo ist mein Paß? – Da, nehmen Sie ihn 3. Der Antrag liegt hier. Füllen Sie ihn. bitte aus! 4. Wo ist das Formular? – Hier ist es. Sehen Sie es. nicht? 5. Hier ist der Vertrag. Bitte unterschreiben Sie ihn! 6. Brauchen Sie das Auto? – Nein, heute brauche ich es. nicht. 7. Wo ist der Führerschein? – Ich habe ihn. nicht. 8. Haben Sie das Buch nicht? – Doch, da ist es. 9. Wo ist der Brief? – Ich schreibe ihn. gerade. 10. Und wer besorgt den Flugschein? – Die Sekretärin besorgt ihn.

43

Ich brauche Möbel.

Endlich habe ich ein Zimmer, aber es ist leer. Jetzt brauche ich Möbel:
einen Tisch, einen Stuhl oder zwei, ein Bett oder eine Couch,
einen Schrank und auch ein Regal für meine Bücher. Hier der Katalog:

8 Richten Sie Ihr Zimmer ein! Was bestellen Sie?

BESTELLKARTE			
Stück-zahl:	Einrichtungsgegenstand:	Preis pro Stück:	insgesamt:
		DM	DM
		DM	DM
		DM	DM
		DM	DM
		DM	DM
		Summe: DM	

.... , ...
(Ort)   (Datum)   (Unterschrift)

Ein Gespräch

A: Kennen Sie den?
B: Wen?
A: Na ihn, den Herrn dort!
B: Nein, ihn kenne ich nicht,
   aber ich kenne sie.
A: Wen?
B: Na, die Frau!
A: Wohnen die jetzt hier?
B: Ich glaube ja, aber ich
   weiß nicht, wo sie wohnen.

9   Bitte antworten Sie: **T 8**

Wann kommt der Wagen? → Ich weiß es nicht.

1. Wann kommt der Wagen? 2. Wo ist das Büro? 3. Wohin fahren die Leute? 4. Ist Herr Hartmann schon zurück? 5. Muß er morgen arbeiten? 6. Kann ich hier telefonieren?

10 Bitte antworten Sie: **T 9+10**

Beispiel 1:   Kennen Sie Herrn Hartmann? → Ja, ich kenne ihn.
Beispiel 2:   Kennen Sie Herrn Hartmann? → Nein, ich kenne ihn nicht.

1. Herr Hartmann 2. Herr Schmitt 3. Fräulein Klein 4. Herr Weber 5. Frau Hartmann
6. Herr und Frau Hartmann

Kennen Sie Herrn Berger?	– Ja, ich **kenne** ihn.
Wissen Sie, wo er wohnt?	– Nein, das **weiß** ich nicht.

11 kennen oder wissen?

1. . . . . Sie Herrn Berger? – Nein, ich . . . . ihn nicht. 2. . . . . Sie

seine Frau? – 3. Nein, sie . . . . ich auch nicht. 4. Ich . . . . nur, wo sie

wohnen. 5. Die sind von hier, das . . . . ich bestimmt. 6. Was ist er von Beruf,

. . . . Sie das? – 7. Nein, das . . . . ich leider auch nicht. 8. . . . . Sie

Herrn Hartmann? – 9. Nein, ich . . . . ihn nicht. 10. Ich . . . . nur seine

Sekretärin. 11. Und . . . . Sie, wo sie ist?

Wo ist der Vertrag?	– Ich weiß **es** nicht.
	– Ich weiß nicht, **wo er ist.**
Wann kommt sie?	– Ich weiß nicht, **wann sie kommt,**

12 Bitte ergänzen Sie:

1. Wo ist das Büro?   Ich weiß nicht, wo *es ist*............

2. Wann kommt der Bus?   Ich weiß nicht, *wann er kommt*.........

3. Wie spät ist es?   Ich........., *.*............

4. Was macht Herr Meier?   ...., ...

5. Was ist das?   ...., ...

6. Wieviel kostet das?   ...., ...

Bestellen Sie den Flugschein?	– Ja, ich **besorge** ihn sofort.
Unterschreiben Sie den Vertrag?	– Ich **unterschreibe** ihn zu Haus.
Ich **verstehe** das Wort nicht.	Bitte, **erklären** Sie es noch einmal.
Füllen Sie das Formular **aus**?	– Ja, ich **fülle** es sofort **aus**.
Bringen Sie zwei Fotos **mit**?	– Ja, ich **bringe** sie morgen **mit**.

13 Ergänzen Sie die Verben:

1. (bestellen) *Bestellen* Sie ein Taxi? – 2. Ja, ich *besorge*.... sofort eins.
3. (unterschreiben) Bitte, *unterschreiben* Sie den Vertrag! 4. (mitnehmen) Er
nimmt. den Vertrag *mit*. 5. (mitbringen) *Bringen*. Sie morgen auch Ihren Paß
mit? 6. (ausfüllen, unterschreiben) Wir *füllen*... die Formulare *aus*.... und
unterschreiben. sie dann. 7. (verstehen) *Verstehen*... Sie das Wort nicht? –
8. (wiederholen) Nein, *wiederholen* Sie es bitte? – 9. (erklären) Gut, ich *erkläre*..
es noch einmal. 10. (eintragen) *Tragen*... Sie Ihren Namen und Ihre Adresse hier
ein.!

14 dich – mich – uns – euch:

1. Wen fragst du? Fragst du *mich*? 2. Hast du ein Telefon? Ruf *mich* doch mal an! –
Gut, ich rufe *dich* an. 3. Wir sind heute zu Haus. Besucht ihr *uns*.? – Ja, wir besuchen
euch gern. 4. Brauchst du *mich* noch? – Ja, ich brauche *dich* noch. 5. Verstehst
du *mich* nicht? – Nein, ich verstehe *dich* nicht.

Kokerei im Ruhrgebiet

Familie Koller

Heinz Koller, 38 Jahre, verheiratet, zwei Kinder, lebt in Essen. Er ist Stahlarbeiter. Morgens um 4 Uhr 30 steht er auf, denn seine Schicht beginnt um 6 Uhr. Er verläßt um 5 Uhr das Haus. Er nimmt den Bus. Die Fahrt dauert 40 Minuten. Er arbeitet pro Tag 8 Stunden. Seine Frau, 33, ist Verkäuferin. Sie arbeitet halbtags. Dann kauft sie ein und macht den Haushalt. Die Kinder sind 7 und 5 Jahre alt. Die Tochter besucht die Grundschule, der Sohn geht noch in den Kindergarten.

Aufgabe: Beschreiben Sie eine (Ihre) Familie.
(Was macht der Vater, was macht die Mutter, was machen der Sohn und die Tochter?)

. . . .

. . . .

. . . .

. . . .

7   **Am Abend**

Herr Weber:	Hallo, Fräulein Klein!
Fräulein Klein:	Guten Abend, Herr Weber.
	Was machen Sie denn hier?
Herr Weber:	Ich will ins Kino gehen.
	Und was haben Sie vor?
Fräulein Klein:	Ich möchte auch ins Kino gehen.
Herr Weber:	Sehr schön. Darf ich Sie begleiten?
Fräulein Klein:	Natürlich, warum nicht?
Herr Weber:	Wir haben noch eine halbe Stunde Zeit.
	Da können wir noch Kaffee trinken.
	Darf ich Sie einladen?
Fräulein Klein:	Ja, gern, aber ich muß noch telefonieren.
Herr Weber:	Das können Sie bestimmt auch im Café.
Fräulein Klein:	Ja, das kann ich tun.
Herr Weber:	Wollen wir gehen?

Was haben Sie heute abend vor?

Wollen Sie ins Kino gehen
oder ins Theater oder ins Konzert?
Wollen Sie ausgehen
oder zu Haus bleiben?
Können Sie mich anrufen,
oder soll ich Sie anrufen?
Wir können zusammen essen
und dann fernsehen, *dann zusammen*
Oder müssen Sie noch arbeiten? *schlafen!*

Ein Termin

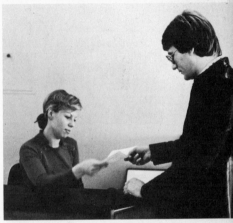

A: Ich möchte Herrn Koch sprechen.
B: Sie können ihn jetzt nicht sprechen.
A: Ich muß ihn aber sprechen.
B: Warum wollen Sie ihn denn sprechen?
A: Hier steht: Ich soll mich
   heute morgen vorstellen.
B: Darf ich mal sehen?
   Ach so, Sie wollen hier arbeiten?
A: Ja, vielleicht.
B: Dann müssen Sie noch etwas warten.

Warum nicht?

A: Willst du ins Kino gehen?
B: Ich möchte gern,
   aber ich darf nicht.
   Meine Eltern sagen,
   ich soll zu Haus bleiben und lernen.
   Kannst du nicht allein gehen?
A: Nein, allein möchte ich
   auch nicht gehen.
   Wir können den Film ja morgen sehen.
B: Nein, morgen kann ich auch nicht,
   da will ich Fußball spielen.

1 Bitte ergänzen Sie:

> *Beispiel 1:* fragen → Ich will fragen.

1. fragen 2. gehen 3. fahren 4. bleiben 5. telefonieren

> *Beispiel 2:* kommen → Ich kann kommen.

1. kommen 2. bleiben 3. fahren 4. anrufen 5. warten

> *Beispiel 3:* gehen → Ich muß gehen.

1. gehen 2. lernen 3. warten 4. arbeiten 5. anrufen

> *Beispiel 4:* Ich kann kommen. → Er kann auch kommen.
>
> *Beispiel 5:* Ich kann kommen. → Sie kann auch kommen.

1. Ich kann kommen. 2. Ich muß gehen. 3. Ich will fragen. 4. Ich muß warten. 5. Ich will telefonieren. 6. Ich kann bleiben.

> *Beispiel 6:* Sie können kommen. → Wir können nicht kommen.

1. Sie können kommen. 2. Sie dürfen gehen. 3. Sie wollen fragen. 4. Sie wollen telefonieren. 5. Sie können warten. 6. Sie können bleiben.

2 Bitte fragen Sie höflich:

> Sie wollen Fräulein Klein begleiten: → Darf ich Sie begleiten?

1. Sie wollen Fräulein Klein begleiten. 2. Sie wollen sie einladen. 3. Sie wollen sie ins Kino einladen. 4. Sie wollen hier telefonieren. 5. Sie wollen etwas fragen.

3 Bilden Sie Fragen und Antworten mit „wollen, können, müssen, dürfen":

Wollst..	du	Deutsch lernen?	Ja,	ich	....
Könnt...	ihr	ins Kino gehen?	Nein,	wir	.... nicht ....
müssen.	Sie	noch bleiben?			....
willst...	du	Kaffee trinken?			....
....		noch arbeiten?			....
....		morgen kommen?			....
....		Sie einladen?			....

Wollen Sie ins Kino gehen?	– Ja, ich **will** ins Kino gehen.
Können Sie mich anrufen?	– Ja, ich **kann** Sie anrufen.
Müssen Sie heute noch arbeiten?	– Ja, ich **muß** noch arbeiten.
Dürfen wir Sie einladen?	– Ja, gern. Wann **darf** ich kommen?

4 wollen – will, können – kann, müssen – muß, dürfen – darf?

1. (wollen) . . . . Sie heute abend ins Theater gehen? – 2. (können) Nein, heute
. . . . ich leider nicht. 3. (müssen) Heute . . . . ich zu Haus bleiben und
lernen. 4. (wollen) Morgen abend . . . . ich ins Konzert gehen. 5. (wollen)
. . . . Sie mitkommen? 6. (können) Ich habe 2 Karten. Sie . . . . eine haben. – 7. (müssen) Was . . . . ich für die Karte bezahlen? – 8. (dürfen) Nichts,
. . . . ich Sie einladen? – 9. (können) Vielleicht . . . . ich Sie auch einmal
einladen. 10. (wollen) Dann . . . . ich die Karte gern nehmen. – 11. (können)
Wir . . . . zusammen essen gehen. – 12. (dürfen) Dann . . . . ich Sie aber
einladen! – 13. (dürfen) Das . . . . Sie natürlich. 14. (müssen) Aber das . . . .
nicht sein. 15. (können) Wir . . . . auch zu Haus essen.

5 Bilden Sie Sätze:

Ich möchte nach		Da					
Warschau	fahren.	können	Sie	den Zug	nach	Moskau	nehmen.
Athen	fliegen.	. . . .	du	die Maschine		Kairo	
Kopenhagen		mußt	du			Oslo	
Bombay		. . . .	Sie			Bangkok	
Rio		. . . .				Santiago	

6 Was sagen Sie?

1. Sie wollen Ihre Freunde einladen. . . . .
. . . .

2. Sie wollen ins Kino/ins Theater gehen. Ihre Freunde sollen mitkommen.
. . . .

3. Ihre Freunde wollen Sie einladen. Sie haben aber keine Zeit.
. . . .

4. Heute können Sie leider nicht kommen, aber morgen kommen Sie gern. . . .
. . . .

Wollen wir das wirklich?

Wir wollen alle lange leben. Aber dann
müssen wir nicht nur gesund leben, sondern
auch kranke Organe auswechseln,
zum Beispiel das Herz, die Nieren,
die Lunge oder den Magen.
Eine Illustrierte schreibt:
In fünfzig Jahren kann man
jedes Organ transplantieren,
auch die Leber und das Gehirn.
Man muß nur einige Wochen in die Klinik
und ist dann wieder fit.
Aber wer soll die Organe spenden?
Die Lebenden oder die Verkehrstoten?
Wer darf weiterleben und wer muß sterben?
Wer kann das entscheiden? Und wer
soll das entscheiden? Was meinen Sie?

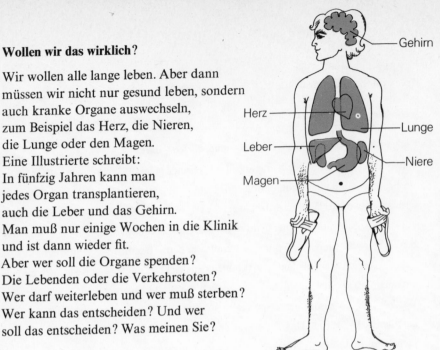

7 Bitte antworten Sie:

1. Was heißt transplantieren? . . . .

2. Was kann man in 50 Jahren . . . .

   transplantieren? . . . .

3. Wie lange muß man dann noch . . . .

   in die Klinik? . . . .

8 Pro und Contra:

Soll man transplantieren oder nicht? . . . .

Welche Organe kann man . . . .

   transplantieren? . . . .

Wer soll die Organe spenden? . . . .

Wer soll entscheiden? . . . .

Wer soll die Organe bekommen? . . . .

Wollen Sie ein Organ spenden . . . .

   oder bekommen? . . . .

Über das Wetter

A: Wie wird wohl das Wetter?
   Was meinen Sie?
B: Ich weiß es nicht,
   ich glaube, es wird regnen.
A: Es kann auch schon schneien.
B: Nein, so kalt ist es nicht,
   aber schön wird es kaum bleiben.
A: Ja, besser wird es wohl nicht.
   Der Sommer ist vorbei,
   und bald kommt wieder
   der Winter.

9 Bitte ergänzen Sie: T 6

Beispiel 1: kommen → Er wird kommen.

1. kommen 2. bleiben 3. schreiben 4. anrufen 5. mitgehen

Beispiel 2: regnen → Es wird wohl regnen.

1. regnen 2. schneien 3. schön bleiben 4. ein Gewitter kommen 5. nicht besser werden

10 Bitte antworten Sie mit „ja":   T 7

Müssen Sie jetzt gehen?   Ja, ich . . . .

Kann er heute kommen?   Ja, er . . . .

Wird es wohl regnen?   Ja, ...

Wollen Sie ihn fragen?   Ja, ...

Wird er noch kommen?   Ja, ...

Kann er hier bleiben?   Ja, ...

Muß er noch arbeiten?   Ja, ...

Wollen Sie mitfahren?   Ja, ...

Wird er noch anrufen?   Ja, ...

Können Sie ihn einladen?   Ja, ...

11 Wiederholen Sie die Übung und antworten Sie mit „nein".

> **Ich will** ins Kino gehen, **er will** auch gehen. **Willst du** mitgehen?
> **Ich kann** kommen. Anna **kann** kommen. **Könnt ihr** kommen? Ja, **wir können** kommen.
> **Ich muß** noch arbeiten. **Mußt du** auch arbeiten? – **Wir müssen** alle arbeiten.
> **Soll ich** kommen? – **Ihr sollt** alle kommen. – Wann **sollen wir** kommen?
> **Darf ich** etwas fragen? – Natürlich **dürfen Sie** das. – **Dürfen wir** Sie einladen?

12 Ergänzen Sie die Modalverben:

1. (wollen) Herr Weber .... ins Kino gehen. Fräulein Klein .... auch

ins Kino gehen. Sie haben noch eine halbe Stunde Zeit. (können) Sie .... noch

Kaffee trinken. 2. (müssen, können) Fräulein Klein .... noch anrufen. Sie

.... im Café telefonieren. 3. (wollen) Was .... du? .... du

ausgehen oder zu Haus bleiben? – 4. (können, müssen) Ich möchte gern ausgehen.

Aber ich .... nicht. Ich .... noch arbeiten. 5. (sollen, können)

Herr Weber .... nach Südamerika fliegen. Er braucht noch das Visum, dann

.... er fahren. 6. (wollen) Was .... ihr denn? .... ihr ins Kino

oder ins Theater gehen? – 7. (wollen, dürfen) Wir .... ins Kino gehen, aber

wir .... nicht. – 8. (sollen, dürfen) .... ich fragen? Vielleicht ....

ihr dann mitgehen. 9. (können, wollen) .... du das verstehen? – Ja, warte, ich

.... es erklären. 10. (können) In 50 Jahren .... man auch das Gehirn

transplantieren. 11. (wollen) Wer .... das wirklich? 12. (wollen) ....

ihr die Prüfung machen? – 13. (müssen) Nein, wir .... sie machen.

13 Fragen und antworten Sie:

	Ja, gern.	Nein, leider nicht.
Können Sie heute abend kommen?	das geht.	das geht nicht.
Können wir zusammen essen gehen?	das ... ich tun.	das ... ich nicht.
Wollen Sie ins Theater mitkommen?	das ... wir machen.	das ... du nicht.
Können wir fernsehen?	....	....
Willst du spazierengehen?	....	....
Kann ich mitgehen?	....	....
....		

Wanderer im Schwarzwald

Freizeit und Urlaub

Viele Bundesbürger haben Samstag und Sonntag frei. Sie machen entweder einen Ausflug oder bleiben zu Haus. Sie möchten ausschlafen, fernsehen, lesen oder aber spazierengehen. Auch der Sport spielt eine Rolle: Nicht alle sind aktiv, viele schauen nur zu. Gaststätten, Bier- und Weinlokale, aber auch Museen, Kinos und Theater sind gut besucht. Die Haupturlaubszeit ist der Sommer. Hauptreiseziele sind: Österreich, Italien und Spanien, aber auch Jugoslawien, Griechenland, Frankreich und Dänemark. Viele fahren in die DDR, 44% bleiben in der Bundesrepublik.

Aber nicht alle können Urlaub machen. Manche Leute sind krank. Andere müssen sparen.

Fragen:

Wo möchten Sie Urlaub machen?   Wie lange haben Sie Urlaub?

Was möchten Sie im Urlaub tun?   Was machen Sie am Wochenende?

8 Ein Unfall

Herr Hartmann:	Ich brauche Ihre Hilfe, Herr Maier.
Herr Maier:	Wenn ich helfen kann, gern.
	Hatten Sie einen Unfall?
Herr Hartmann:	Ja, leider. Aber zum Glück ist niemand verletzt.
Herr Maier:	Fährt der Wagen noch?
Herr Hartmann:	Das schon. Aber der Schaden ist ziemlich groß.
Herr Maier:	Wann brauchen Sie den Wagen wieder?
Herr Hartmann:	Wenn es möglich ist, bald.
Herr Maier:	Können Sie den Wagen gleich dalassen?
Herr Hartmann:	Ja, und wann kann ich ihn wiederhaben?
Herr Maier:	Am Freitag abend, wenn alles klappt.
Herr Hartmann:	Hoffentlich ist dann alles in Ordnung.
Herr Maier:	Wenn Sie einverstanden sind, sehen wir alles nach.
Herr Hartmann:	Aber wenn es sehr viel kostet, dann rufen Sie mich bitte an.
Herr Maier:	Selbstverständlich. Also bis morgen!

Wann? – wenn – dann

A: Wir fangen jetzt an.
B: Und wann hören wir auf?
A: Wenn wir fertig sind.
B: Wann wird das sein?
A: Das weiß ich auch noch nicht.
   Aber wenn wir schnell machen,
   dann sind wir auch bald fertig.
B: Wenn wir aber noch lange weiterreden,
   dann werden wir überhaupt nicht fertig.

Kein Fernsehen

A: Unser Fernseher funktioniert nicht mehr.
B: Was ist denn los?
A: Das Bild läuft immer.
   Es hört auch nicht auf,
   wenn ich den Knopf drehe.
B: Dann muß ich den Apparat überprüfen.
A: Bitte kommen Sie gleich, wenn möglich.
B: Heute geht es leider nicht mehr.
A: Dann haben wir Samstag kein Fernsehen!
B: Wenn Sie das Gerät sofort bringen,
   kann ich es vielleicht noch reparieren.

Der Kassettenrekorder ist kaputt.

A: Das Ding da geht nicht mehr.
   Was soll ich machen?
B: Das verstehst du nicht. Gib her!
A: Ach, die Knöpfe drücken,
   das kann ich auch.
B: Die Batterie ist wahrscheinlich leer.
A: Das ist doch Unsinn.
   Wenn die Batterie leer ist,
   läuft auch das Band nicht mehr.
B: Dann weiß ich auch nicht, was los ist.
   Dann mußt du's eben reparieren lassen!

1 Bitte antworten Sie:

T 1

> *Beispiel 1:* Kommen Sie heute abend? → Ja, wenn ich Zeit habe.

1. Kommen Sie heute abend? 2. Gehen Sie ins Kino? 3. Machen Sie eine Reise?
4. Bleiben Sie morgen hier? 5. Rufen Sie Herrn Maier an?

T 2

> *Beispiel 2:* Kommen Sie heute abend? → Wenn es möglich ist, gern.

1. Kommen Sie heute abend? 2. Reparieren Sie den Wagen? 3. Holen Sie ihn ab?
4. Bestellen Sie den Wagen? 5. Fahren Sie mit nach Berlin?

2 Bitte antworten Sie:

T 3

Vielleicht haben Sie Zeit.

Kommen Sie heute abend?   Ja, wenn ....

Vielleicht ist der Film gut.

Gehen Sie mit ins Kino?   Ja, ...

Vielleicht bekommen Sie den Wagen.

Machen Sie dann eine Reise?   Ja, ...

Vielleicht regnet es morgen.

Bleiben Sie dann morgen zu Haus?   Ja, ...

Vielleicht ist Herr Maier zu Haus.

Rufen Sie ihn an?   Ja, ...

3 Bitte wiederholen Sie:

T 4

Wenn ich Zeit habe, komme ich.
Wenn der Film gut ist, gehe ich mit.
Wenn der Wagen kommt, mache ich die Reise.
Wenn er zu Haus ist, rufe ich ihn an.

4 Bilden Sie Fragen und Antworten:

Wann	brauchen Sie	den Wagen?	Möglichst	bald.
	bringen	das Auto?	Wenn möglich,	noch heute.
	reparieren	den Fernseher?	Wenn es möglich ist,	sofort.
	holen	den Apparat?	geht,	noch diese Woche.

> **Wann** bekomme ich meinen Wagen wieder?
> **Wenn** er fertig ist. Ich rufe Sie **dann** an.

5 wann – wenn – dann?

1. Ich brauche Ihre Hilfe! – . . . . . ich helfen kann, gern. 2. . . . . . hatten Sie den Unfall? – Heute morgen. 3. . . . . . brauchen Sie den Wagen wieder? – 4. . . . . . es möglich ist, bald. 5. . . . . . kann ich den Wagen bringen? – 6. . . . . . es geht, sofort. – 7. Und . . . . . bekomme ich ihn wieder? – 8. Freitag abend, . . . alles klappt. 9. . . . . . Sie einverstanden sind, sehen wir alles nach. – 10. . . . . . es aber sehr viel kostet, rufen Sie mich an! – 11. . . . . . kann ich Sie anrufen? – 12. . . . . . ich nicht im Büro bin, ... bin ich sicher zu Haus. – 13. Gut, ... rufe ich morgen an. 14. . . . . . fangen wir denn an? – Jetzt gleich. – 15. Und . . . . . hören wir wieder auf? – 16. . . . . . wir fertig sind. – 17. . . . . . wird das sein? – 18. . . . . . wir schnell machen, ... sind wir auch bald fertig. 19. . . . . . wir aber lange weiterreden, ... werden wir überhaupt nicht mehr fertig.

6 Bilden Sie Sätze: G 8.3

Ich fahre nach Haus,	**wenn** ich fertig bin.	
	Wenn ich fertig bin,	fahre ich nach Haus.

1. Ich gehe heute abend ins Kino, wenn du mitkommst. 2. Ich besuche dich morgen, wenn du willst. 3. Du kannst hier fernsehen, wenn du Zeit hast. 4. Ich mache jetzt die Aufgaben, wenn du mitmachst. 5. Ich fahre auch in Urlaub, wenn du mitfährst. 6. Rufen Sie mich bitte gleich an, wenn Sie fertig sind.

7 Ihr Apparat ist kaputt. Ihr Freund fragt. Sie antworten:

Soll ich das reparieren?   Wenn du . . . ., gern.

      den Apparat mitnehmen?   . . . .

      ihn überprüfen?   . . . .

      die Reparatur bezahlen?   . . . .

      ihn wieder zurückbringen?   . . . .

      dich vorher anrufen?   . . . .

SABINE

Wenn Sabine Hunger hat,
dann sagt sie: Ich habe Hunger.
Wenn Sabine Durst hat,
dann sagt sie: Ich habe Durst.
Wenn Sabine Bauchweh hat,
dann sagt sie: Ich habe Bauchweh.
Dann bekommt sie zu essen,
zu trinken und auch eine Wärmflasche.
Und wenn Sabine Angst hat,
dann sagt sie nichts.
Und wenn Sabine traurig ist,
dann sagt sie nichts.

Und wenn Sabine böse ist,
dann sagt sie nichts.
Niemand weiß,
warum Sabine Angst hat.
Niemand weiß,
warum Sabine traurig ist.
Niemand weiß,
warum Sabine böse ist.
Niemand kann Sabine verstehen
und niemand kann Sabine helfen,
weil Sabine
nicht über Sabine spricht.

Marianne Kreft

8 Bitte antworten Sie:

1. Wer ist Sabine? ....

2. Wie alt ist Sabine, was glauben Sie? ....

3. Wann sagt Sabine: „Ich habe Hunger"? ....

4. Was bekommt sie, wenn sie Hunger hat? ....

5. Wann sagt Sabine: „Ich habe Durst"? ....

6. Was bekommt sie, wenn sie Durst hat? ....

7. Wann bekommt sie eine Wärmflasche? ....

8. Was sagt sie, wenn sie Angst hat? ....

9. Wer weiß, warum sie Angst hat? ....

10. Warum kann niemand Sabine helfen? ....

9 Sie haben einen Gast. Wie fragen Sie?

.... Hunger?

.... Durst?

.... etwas essen?

.... etwas trinken?

Wie geht es Dir/Ihnen?

.... gesund?

.... so traurig?

.... Schmerzen?

60

Warum?

A: Wir stehen hier und warten.
B: Warum warten wir denn?
A: Weil Paul nicht da ist.
B: Und warum kommt er nicht?
A: Vielleicht weil es regnet.
   Vielleicht will er auch nicht kommen.
B: Ich glaube, er kommt nicht,
   weil er krank ist,
   oder weil er noch arbeiten muß.
A: Aber wenn er nicht kommt, was dann?
B: Dann können wir hier noch lange warten.

10 Warum kommt er nicht? Bitte beginnen Sie mit „weil":   **T 5**

    1. Es regnet.   Er kommt nicht, weil . . . .

    2. Er ist krank.   Er kommt nicht, ...

    3. Er hat keine Zeit.   Er kommt nicht, ...

    4. Er muß noch arbeiten. Er kommt nicht, ...

    5. Er will nicht kommen. Er kommt nicht, ...

11 Bitte wiederholen Sie: **T 6**

Er kommt nicht, weil es regnet.
Er kommt nicht, weil er krank ist.
Er kommt nicht, weil er keine Zeit hat.
Er kommt nicht, weil er noch arbeiten muß.
Er kommt nicht, weil er nicht kommen will.

12 Bitte antworten Sie: **T 7**

Er kommt nicht, denn es regnet.

Warum kommt er denn nicht?   Weil. . . . .

Wann kommt er dann?   Wenn . . . .

Er kommt sicher nicht,

denn er muß noch arbeiten.

Warum kommt er denn nicht?   Weil. . . . .

Wann kommt er dann?   Wenn . . . .

Warum kommt er denn nicht?	Weil er krank ist.
Wann kommt er dann?	Wenn er wieder gesund ist.

13 Wann– warum – weil –wenn:

1. _Warum_ kommt Paul denn heute nicht? _Weil_ er krank ist.

2. _Wann_ kommt er denn wieder? – _Wenn_ er wieder gesund ist.

3. _Wann_ bekommt Sabine zu essen? – Immer _wenn_ sie Hunger hat.

4. _Warum_ ist Sabine traurig? – Vielleicht _weil_ sie oft allein ist.

5. _Wann_ machen Sie Urlaub? – Juli, August, _wenn_ es warm ist.

6. _Warum_ fahren Sie nach Österreich? – _weil_ man dort Deutsch spricht.

7. _Warum_ lernen Sie Deutsch? – _Weil_ ich nach Deutschland fahren will.

8. _Wann_ können Sie studieren? – _wenn_ ich die Zulassung habe.

9. _Warum_ studieren Sie Medizin? – _weil_ ich Arzt werden will.

10. _Wann_ sind Sie dann Arzt? – _wenn_ es gut geht, in 6 Jahren.

G 8.2

Warum kommst du nicht? – Ich kann nicht kommen,	**denn** ich bin krank.
	weil ich krank **bin**.

14 Bitte ergänzen Sie:

1. (Sie arbeiten noch.)   Ich kann nicht kommen, denn _ich arbeite noch_

weil _ich noch arbeite._

2. (Sie haben keine Zeit.)   Ich kann nicht kommen, _denn ich habe keine Zeit._

weil ich keine Zeit habe.

3. (Sie müssen noch lernen.)   Ich kann nicht kommen, ...

. . . .

4. (Sie machen morgen eine Prüfung.)   Ich kann nicht kommen, ...

. . . .

5. (Sie wollen verreisen.)   Ich kann nicht kommen, ...

. . . .

6. (Sie haben Besuch.)   Ich kann nicht kommen, ...

. . . .

Stauung auf der Autobahn

Warum ist die Bundesrepublik Deutschland ein Autoland?

Die Bundesrepublik produziert, exportiert und importiert viele Waren. Der Verkehr verbindet Norden und Süden, Osten und Westen. Lastkraftwagen (LKWs) transportieren die Produkte nach Nord-, Ost-, Süd- und Westeuropa und bringen die Importe in die Bundesrepublik. Im Sommer fahren Millionen Urlauber von Holland, Belgien und Skandinavien durch die Bundesrepublik nach Österreich, Italien, Jugoslawien und Griechenland. Und vor allem: jeder vierte Bundesdeutsche hat ein Auto, und jeder siebte lebt vom Auto.

Warum ist die Bundesrepublik ein Autoland?

1. Weil ....
2. Weil ....
3. Weil ....

Straßennetz: 166670 km   PKWs und LKWs insgesamt: 23000000
Autobahnen: 5260 km   1 km Autobahn kostet: 8000000 DM
Verletzte pro Jahr: 550000   Verkehrstote pro Jahr: 18000

Aufgabe: Welche Rolle spielt das Auto in Ihrem Land? Vergleichen Sie auch die Zahlen.

9   **Die Kamera**

Günter: Wem gehört die Kamera?
          Gehört sie dir?
Paul: Ja, die gehört mir.
          Gefällt sie dir?
Günter: Ja, so eine suche ich schon lange.
          Kannst du sie mir mal leihen?
Paul: Ich kann sie dir schon geben,
          wenn du sie mir bald wiederbringst.
Günter: Das ist doch selbstverständlich.
          Ich möchte sie nur mal ausprobieren.
          Vielleicht kaufe ich mir auch so eine.
Paul: Meinem Bruder gefällt sie auch.
          Dem soll ich sie auch leihen.
Günter: Dann gib sie zuerst ihm und dann mir.
Paul: Gut, ich gebe dir dann Bescheid.

Mir oder Ihnen?

A: Gehört Ihnen das Buch?
B: Ja, es gehört mir.
A: Gefällt es Ihnen?
B: Es gefällt mir gut.
A: Zeigen Sie es mir?
B: Ich zeige es Ihnen gern.
A: Leihen Sie es mir,
   es interessiert mich.
B: Ich gebe es Ihnen gern.
A: Ich danke Ihnen.

Bitte helfen Sie mir!

A: Ist Ihnen nicht gut?
B: Ich kann nicht mehr weiter.
   Bitte helfen Sie mir!
A: Soll ich ein Taxi rufen?
B: Nein, wenn Sie mir nur
   die Tasche tragen.
A: Wohin müssen Sie denn?
B: Nach Haus, 10 Minuten von hier.
A: Das ist nicht weit.
   Kommen Sie, ich helfe Ihnen.
B: Das ist sehr freundlich von Ihnen.

Gratulation

A: Wie geht's dir?
B: Mir geht's gut. Und dir?
A: Mir geht's prima.
   Ich habe das Diplom.
B: Wie war denn die Prüfung?
A: Schwer genug.
B: Und wie ist deine Note?
A: Gesamtnote: gut.
B: Ich gratuliere dir!
A: Ich danke dir.

1 Bitte ergänzen Sie: T 1

| *Beispiel 1:* fragen | → | Er fragt mich. |
| | dich | → | Er fragt dich. |

1. mich 2. dich 3. ihn 4. sie 5. uns 6. euch 7. sie

| *Beispiel 2:* helfen | → | Er hilft mir. |
| | dir | → | Er hilft dir. |

1. mir 2. dir 3. ihm 4. ihr 5. uns 6. euch 7. ihnen

| *Beispiel 3:* gehören | → | Das gehört mir. |
| *Beispiel 4:* geben | → | Er gibt es mir. |

1. mir 2. dir 3. ihm 4. ihr 5. uns 6. euch 7. ihnen

2 Bitte antworten Sie mit „ja": T 2

Gehört Ihnen das Auto?   Ja, es gehört *mir.*

Gehört Ihnen der Paß?   Ja, er *gehört mir.*

Gehört Ihnen die Tasche?   Ja, *sie " mir*

Geben Sie ihm die Kamera?   Ja, ich *gebe sie ihm.*

Geben Sie ihm das Geld?   Ja, *ich gebe es ihm.*

Geben Sie ihm die Briefe?   Ja, *ich gebe sie ihm.*

Zeigen Sie ihr das Haus?   Ja, *ich zeige es ihr.*

Zeigen Sie ihr die Wohnung?   Ja, *ich zeige sie ihr.*

Zeigen Sie ihr das Foto?   Ja, *ich zeige es ihr.*

Helfen Sie den Kindern?   Ja, *ich helfe ihnen.*

Geben Sie es den Kindern?   Ja, *ich gebe es ihnen.*

Danken die Kinder den Eltern?   Ja, *sie danken ihnen.*

3 Bitte antworten Sie mit „nein": T 3

Gehört Ihnen das?   Nein, das ....

Gefällt Ihnen das?   ....

Hilft Ihnen das?   ....

Ist Ihnen das gleich?   ....

Dauert Ihnen das nicht zu lange?   ....

Hilfst du **mir**?	– Ja, ich helfe **dir**.
Wem leihst du das Auto?	– Leihst du es **ihm** oder **ihr**?
Könnt ihr **uns** helfen?	– Wir helfen **euch** gern!
Geben Sie das **den** Kindern?	– Ja, ich schenke es **ihnen**.

4 wem – mir – dir – ihm – ihr – uns – euch – ihnen/Ihnen:

1. Du, gehört _dir_ die Kamera? – 2. Ja, die gehört _mir_. Gefällt sie _dir_? – 3. Ja, sie gefällt _mir_ gut. Leihst du sie _mir_? – 4. Ja, ich leihe sie _dir_ gern. 5. _Wem_ gehört das Auto? Gehört es _dir_ oder Maria? – 6. Der Wagen gehört nicht _mir_, sondern _ihr_. Gefällt er _dir_? 7. Bitte, helfen Sie _mir_! – 8. Wenn ich _dir_ helfen kann, gern. – 9. Das ist sehr freundlich von _Ihnen_... Wir danken _dir_... sehr. 10. Wir haben nicht genug Geld. Kannst du _uns_ 50 Mark leihen? – 11. Gut, ich gebe _ihr_ das Geld, wenn ihr es _mir_ morgen zurückgebt. 12. Otto wird heute 20 Jahre alt. Du mußt _ihm_ gratulieren! – 13. Ich gratuliere _ihm_ gern, aber was soll ich _ihm_ schenken? – 14. Schenk _ihm_ doch ein Buch!

5 Was sagen Sie?

1. Sie begrüßen Ihren Freund/Ihre Freundin und fragen, wie es ihm/ihr geht.

....

2. Ihr Freund/Ihre Freundin hat Geburtstag. Sie wollen ihm/ihr gratulieren.

....

3. Sie wollen ihm/ihr ein Buch schenken.

....

4. Sie wollen wissen: Gefällt ihm/ihr das Buch oder nicht? Wie fragen Sie?

....

5. Ihr Freund/Ihre Freundin will Ihnen danken. Was sagt er/sie?

....

6. Ihr Freund/Ihre Freundin gibt eine Party. Sie wollen ihm/ihr helfen.

....

7. Sie müssen leider gehen und wollen danken. Was sagen Sie?

....

67

Raucher und Nichtraucher

Rauchen ist ungesund, das wissen heute alle. Aber Rauchen schadet nicht nur dem Raucher, sondern auch dem Nichtraucher, denn er raucht passiv mit. Und wem nützt das Rauchen? Es nützt der Industrie, denn sie produziert Zigaretten, dem Handel, denn er verkauft sie, der Werbung, denn sie macht Reklame und dem Staat, denn er kassiert die Steuern.

Experten raten den Rauchern: Rauchen Sie weniger! Rauchen Sie nicht schon am Morgen. Wenn Sie Zigaretten kaufen, kaufen Sie immer nur eine Schachtel, und wenn Ihnen jemand eine Zigarette anbieten will, lehnen Sie höflich ab! Sagen Sie: „Nein, danke, jetzt nicht, vielleicht später."

6   Bitte antworten Sie:

1. Wem schadet das Rauchen? ....

2. Wem nützt es? ....

3. Was raten die Experten? ....

4. Rauchen Sie? Warum? ....

5. Sie sind Nichtraucher. Warum? ....

7   Was sagen Sie,

1. wenn Sie eine Zigarette anbieten wollen,

   Darf ich Ihnen eine Z. anbieten?
   kann ich bitte eine Z. haben?

2. wenn Sie eine Zigarette ablehnen wollen,

   Nein, danke.
   Danke, gerne.

3. wenn Sie rauchen möchten,

   kann ich hier rauchen?

4. wenn Sie Feuer haben wollen,

   kann ich bitte eine Feuer haben?

5. wenn jemand rauchen will, Rauchen aber verboten ist?

   Es tut mir leid, aber rauchen ist hier verboten.

Die Verabredung

Sie sehen sich.
Sie treffen sich.
Er freut sich;
sie freut sich auch.
Sie setzen sich und unterhalten sich.
Sie streiten sich.
Dann fragt sie ihn: „Liebst du mich?"
Er sagt: „Ja, ich liebe dich!"
Dann sehen sie sich an
und küssen sich
und verstehen sich wieder.

8   Bitte ergänzen Sie: T 4—6

sich freuen → Sie freuen sich.

1. sich freuen 2. sich treffen 3. sich sehen 4. sich setzen 5. sich streiten 6. sich unterhalten

sich freuen   Ich freue . *mich* . . . .
sich setzen   Ich . *setze mich* . . . . . ,
sich unterhalten   *Ich unterhalte mich*

Sie freut sich.   Er freut . . . . *sich* . . . . auch.
Sie setzt sich.   Er . *setzt sich* . . . . . .
Sie unterhalten sich. *Wir unterhalten uns.*

9   Bilden Sie Fragen und Antworten:

Lieb. *st*	du	mich?	Ja,	ich	lieb. *dich* .
Freu. *t* . .	er/sie	dich?		er/sie	freu. *t* . *sich* .
Versteh. *t* . .	ihr	sich?		wir	versteh. *en* . *sich* .
Setz. *t* . *en*	sie/Sie	uns?		sie/Sie	setz. *en* . *sich* .
setzt		euch?			

> **Wem** gehören die Bücher? – Sie gehören **dem** Lehrer (**der** Lehrerin, **den** Lehrern).
> **Wem** gehören die Hefte? – Sie gehören **einem** Schüler (**einer** Schülerin, – Schülern).
> **Wem** schreiben Sie? – Ich schreibe **meinem** Vater (**meiner** Mutter, **meinen** Eltern).

10 Bitte ergänzen Sie:

1. Rauchen schadet *der*. Gesundheit. 2. Es schadet *dem* Rauchern und *den*. Nichtrauchern. 3. Wem nützt es? – Es nützt *der*. Industrie, *dem* Handel, *der* Werbung und *dem* Staat. 4. Wem gehört die Tasche? Gehört sie *dem* Lehrer? – 5. Nein, sie gehört *der*. Lehrerin. 6. Wem soll ich Bescheid geben? *Dem* Chef oder *dem* Ingenieur? – 7. Sagen Sie es *der*. Sekretärin! 8. Wem schreiben Sie? *Deinem* Freund oder *deiner*. Freundin? – 9. Ich schreibe nicht *meinem*. Freund und nicht *meiner*. Freundin, sondern *meinen* Eltern. 10. Von wem hast du das Geld? Von *deinem*. Vater? – Nein, ich habe es von *meinem* Bruder. 11. Wie geht es *deiner*. Mutter? – 12. *Meiner*. Mutter geht es nicht gut.

> Leihst du deinem Freund die Kamera? – Ja, ich leihe **sie ihm.**
> Gibst du mir den Brief? – Ja, ich gebe **ihn dir.**
> Besorgen Sie mir das Visum? – Ja, ich besorge **es Ihnen.**

11 Bitte antworten Sie:

1. Geben Sie Frau Müller den Brief? — Ja, ich gebe *ihn Ihnen* (*ihr*)
2. Zeigst du uns deine Wohnung? — *Ja, ich zeige sie euch.*
3. Leihst du mir das Buch? — *Ja, ich leihe es dir.*
4. Gehört Herrn Meier das Haus? — *Ja, es gehört ihm (Ihnen).*
5. Gefällt dir das Zimmer? — *Ja, es gefällt mir.*
6. Geben Sie das den Kindern? — *Ja, ich gebe es ihnen.*
7. Schmeckt euch das Essen? — *Ja, wir schmecken es uns.*
8. Kaufen Sie sich die Kamera? — *Ja, ich kaufe sie mir.*
9. Schenkst du mir das Foto? — *Ja, ich schenke es dir.*
10. Erklären Sie uns das noch einmal? — *Ja, ich erkläre es euch.*

Heiligabend
(24. Dezember)

Festtagskalender

Feiertage:	wann:	Tage:	Feiertage:	wann:	Tage:
Neujahr	1. Januar	1	Tag der	*Unity Day*	
Karfreitag–Ostern	März/April	3	Einheit	17. Juni	1
Tag der Arbeit	1. Mai	1	Totensonntag	November	1
Christi Himmelfahrt	Mai/Juni	1	Weihnachten	25. + 26. Dez.	2
Pfingsten *whit Sunday*	Mai/Juni	2			

In einigen Bundesländern gibt es noch weitere katholische oder protestantische Feiertage.

Wir wünschen: Ein gutes (gesundes) neues Jahr! Prosit Neujahr! Frohe Ostern! Frohe Pfingsten! Frohe Weihnachten! Man kann auch sagen: Ich wünsche Ihnen ein frohes Fest. Geschenke gibt es nicht nur zu Weihnachten, sondern auch zum Geburtstag. Wir sagen: Ich gratuliere dir (Ihnen) zum Geburtstag und wünsche dir (Ihnen) viel Glück. Wir gratulieren aber auch Freunden, wenn sie die Prüfung bestehen, wenn sie heiraten oder ein Kind bekommen.

Aufgabe: Schreiben Sie Ihrer Familie oder einem Freund eine Glückwunschkarte.

1. _krankenhaus_   2. _Bahnhof_   3. _waschraum_   4. _Schließfach_

safe-deposit box

5. _Auskunft_   6. _Lift_   7. _Tankstelle_   8. _Postamt_

9. _Geldwechsel_   10. _Rolltreppe_   11. _Parkhaus_   12. _Schwimmbad_

13. _Fußweg_   14. _Bushaltestelle_   15. _Reparatur-werkstatt_   16. _Nichtraucher_

Was bedeuten die Symbole? Ordnen Sie die Begriffe richtig zu:

a) Auskunft, b) Bahnhof, c) Bushaltestelle, d) Fahrstuhl (Lift), e) Fußweg,
f) Geldwechsel, g) Krankenhaus, h) Nichtraucher, i) Parkhaus, j) Postamt,
k) Reparaturwerkstatt, l) Rolltreppe, m) Schließfach, n) Schwimmbad,
o) Tankstelle, p) Waschraum

Wie sind diese Wörter zusammengesetzt?

Verkehrszeichen *traffic signs*

1. ... *e* ...   2. ... *c* ...   3. ... *k* ...   4. ... *j* ...

5. ... *l* ...   6. ... *b* ...   7. ... *n* ...   8. ... *g* ...

9. ... *f* ...   10. ... *h* ...   11. ... *o* ...   12. ... *p* ...

13. ... *d* ...   14. ... *i* ...   15. *m* ...   16. ... *a* ...

Was bedeuten diese Verkehrszeichen:

a) Bahnübergang, *level crossing* b) Einfahrt verboten, c) Engstelle, d) Fußgängerüberweg,
e) Gefahrenstelle, f) Halt! Vorfahrt beachten, g) Halteverbot, h) keine Vorfahrt,
i) Parkplatz, j) Schleudergefahr, k) Autobahn, l) Überholverbot, *passing*
m) Umleitung, n) Verbot für Kraftfahrzeuge, o) Vorfahrt, p) Vorfahrtstraße

Beachten Sie die Wortbildungen!
Notice

11 Der Besuch

Frau Schulz ist bei Frau Hartmann zum Kaffee. Nach einer Stunde sagt Frau Schulz:

Frau Schulz: Es war sehr schön bei Ihnen, Frau Hartmann.
Ich danke Ihnen für die Einladung,
aber für mich ist es leider Zeit.

Frau Hartmann: Wollen Sie nicht noch eine Tasse Kaffee trinken?
Mit dem Wagen sind Sie doch schnell zu Haus.

Frau Schulz: Gut, eine Tasse noch, aber ohne Zucker bitte!

Frau Hartmann: Warum müssen Sie denn schon nach Haus?

Frau Schulz: Ich fahre nicht direkt nach Haus, sondern hole
meine Tochter von der Schule ab. Sie kommt um
5 Uhr aus dem Unterricht.

Frau Hartmann: Dann fahren Sie ja zur Stadtmitte. Kann ich
mitfahren? Ich muß noch einkaufen. Ich kann dann
mit dem Bus oder mit der Straßenbahn zurückfahren.

Frau Schulz: Selbstverständlich! Können wir gleich fahren?

Woher kommen Sie?
... aus Köln, aus dem Büro, aus der Schule,
vom Arzt, von der Arbeit, von zu Haus

Wohin gehen/fahren/fliegen Sie?
... nach Haus, nach Berlin, nach Amerika,
zum Essen, zur Post, zu meinen Eltern

Wo treffen wir uns?
... beim Essen, bei der Arbeit,
bei mir zu Haus

Wann treffen wir uns?
... gegen 5, um halb 6, vor oder nach 7,
vor der Arbeit, nach dem Unterricht

Nach der Party

A: Es war sehr nett bei Ihnen,
   ich danke Ihnen für die Einladung.
B: Und ich danke für Ihren Besuch.
   Wie kommen Sie nach Haus?
A: Ich bin mit dem Wagen da.
B: Dann ist es einfach für Sie, Sie können
   jetzt direkt durch die Stadt fahren.
A: Vielleicht ist hier jemand ohne Wagen.
   Drei können bei mir mitfahren.
B: Möchte noch jemand zur Stadtmitte?

Vor der Fahrt

A: Ich möchte vor der Fahrt
   noch etwas trinken.
B: Willst du Kaffee oder Tee mit Zitrone?
A: Mach mir bitte einen Kaffee,
   so stark wie möglich.
B: Willst du ihn mit Milch?
A: Nein, ohne Milch.
B: Aber mit Zucker?
A: Ja, mit viel Zucker bitte!

1 Bitte ergänzen Sie:

Beispiel 1:	Berlin	→ Er kommt von Berlin.
Beispiel 2:	Berlin	→ Er kommt aus Berlin.

1. Berlin 2. Paris 3. Ankara 4. Tokio 5. New York

Beispiel 3:	Büro	→ Er kommt aus dem Büro.
Beispiel 4:	Büro	→ Er kommt vom Büro.

1. Büro 2. Kino 3. Stadt 4. Hotel 5. Schule

Beispiel 5:	Frau Hartmann	→ Ich gehe zu Frau Hartmann.
Beispiel 6:	Frau Hartmann	→ Ich war bei Frau Hartmann.

1. Frau Hartmann 2. Fräulein Klein 3. Herr Maier 4. Familie Schulz 5. Herr Weber

Beispiel 7:	Vater	→ Ich gehe zu meinem Vater.
Beispiel 8:	Vater	→ Ich bin bei meinem Vater.

1. Vater 2. Mutter 3. Bruder 4. Schwester 5. Eltern

Beispiel 9:	Wagen	→ Fahren Sie mit dem Wagen?

1. Wagen 2. Auto 3. Bus 4. Straßenbahn 5. Taxi

Beispiel 10:	Einladung	→ Ich danke Ihnen für die Einladung.

1. Einladung 2. Brief 3. Telegramm 4. Hilfe 5. Kaffee

2 Bitte wiederholen Sie:

schön – schnell – schon – schreiben – Schule – Schwester	ʃ – ʃr – ʃv
Tasche – Stadt – Straßenbahn – bestellen – selbstverständlich	ʃt
Ich fahre schnell in die Stadt. – Er war gestern in Stockholm.	ʃt – st
sprechen – Sprache – Aussprache – Er spricht zu schnell.	ʃpr

3 Woher kommen Sie? **Wohin gehen Sie?**

Ich komme	von	der Arbeit.		Ich gehe	zum	Arzt.
	aus	... Büro. *n*		fahre	zur	Post.
		... Stadt. *f*		will	...	Bahnhof. *m*
		dem Unterricht.		muß	...	Unterricht.
		... Chef. *m*			...	Essen. *n*
		von zu Haus.		*zur*	mein*en* Eltern.

von ●——→● zu:	Das Taxi fährt **vom** Bahnhof **zum** Hotel.
von ●——→● nach:	Die Maschine fliegt **von** Frankfurt **nach** New York.
aus ○——→● nach:	Er kommt **aus** Amerika und fliegt **nach** Berlin.
mit:	Fahren Sie **mit dem** Auto oder **mit der** Straßenbahn?

4 aus – mit – nach – von – zu:

1. Kommen Sie *aus* Frankreich? – 2. Nein, ich komme *aus. der.* Schweiz. 3. Wohin soll ich Sie fahren? Wollen Sie *zum.* Bahnhof oder *zur.* Post? 4. Wie weit ist es *von.* hier *zur.* Universität? – 5. Zehn Minuten *mit. dem.* Bus. 6. *Von.* München *nach.* Berlin sind es 600 Kilometer. 7. Wann kommen die Kinder *nach* Haus? – 8. Um 1 Uhr kommen sie *von. der.* Schule und gehen direkt *zur.* Bushaltestelle. Um halb 2 sind sie dann *zu* Haus. 9. Gehst du *zum* Bahnhof? – 10. Nein, ich fahre *zum.* Marienplatz. 11. Und wann kommst du *nach.* Haus? – 12. Ich gehe zuerst *zum* Supermarkt und dann *zur.* Post. 13. Um halb 8 fahre ich *mit. der..* Bahn zurück. – 14. Gut, dann hole ich dich um 8 Uhr *vom.* Zug ab, und wir fahren zusammen *nach* Haus. 15. Kommen Sie *von. der.* Arbeit? – 16. Nein, ich gehe *zur.* Arbeit. 17. Wann kommst du *aus. dem.* Büro? – 18. Zehn *nach.* fünf.

G 11.2

bei:	Wo ist Frau Schulz? Ist sie **beim** Arzt? – Nein, sie ist **bei ihren** Eltern.
mit:	Mit wem spricht er? – Er spricht gerade **mit seiner** Schwester.

5 „bei" oder „mit":

1. Waren Sie schon *beim* Arzt? – 2. Nein, ich spreche morgen *mit. dem.* Arzt. 3. Wann gehst du zum Essen? – Ich war schon *beim* Essen. 4. Wohnen Sie *bei. ihren..* Eltern? – 5. Nein, ich wohne zusammen *mit. meinem* Bruder *bei.* Familie Müller. 6. *Bei.* wem warst du? – 7. Ich war *bei. meinem* Lehrer. 8. *Mit.* wem fährst du in Urlaub? – 9. Ich fahre *mit. meiner.* Frau und *unseren.* Kindern. 10. Frau Schulz ist *bei.* Frau Hartmann. 11. Sie fahren zusammen *mit. dem* Auto in die Stadt. 12. *Mit.* wem sprichst du? – 13. Ich spreche *mit. der.* Sekretärin. 14. Sie ist *beim* Chef. 15. Ich gehe heute abend *mit.* ihr ins Kino.

Der Stammtisch

Beim Stammtisch hat man Hans gern, weil er nett ist, weil er gut erzählen kann, weil er viele Witze kennt. Und weil er auch gern mal ein Gläschen mehr trinkt, wenn er nicht mit dem Auto da ist. Wenn's geht, bleibt das Auto zu Haus. Aber manchmal geht es nicht anders, und er muß mit dem Wagen fahren. Dann trinkt er nur ein Glas zur Begrüßung. Beim zweiten Glas sagt er „nein". Denn er weiß, es kann gefährlich werden. Warum soll er das riskieren? Bei 0,8 Promille ist der Führerschein weg. Und vielleicht passiert noch mehr. Die Stammtischfreunde sagen darum: Entweder wir kommen ohne Auto, oder einer von uns sagt „nein" und fährt die anderen mit seinem Wagen nach Haus. Denn 3500 Menschen müssen jährlich sterben, weil viele Fahrer zu viel Alkohol trinken.

6 Bitte antworten Sie:

1. Was macht man beim Stammtisch? . . . .

. . . .

2. Warum hat man Hans beim Stammtisch gern? . . . .

. . . .

3. Wie stellen Sie sich diesen Mann vor? Beschreiben Sie ihn: . . . .

. . . .

4. Wann sagt er beim Stammtisch „nein"? . . . .

. . . .

5. Warum sagt er „nein"? . . . .

. . . .

6. Was bedeutet „0,8 Promille"? . . . .

. . . .

7. Was sagen die Freunde? . . . .

. . . .

8. Gibt es bei Ihnen auch Stammtische? . . . .

. . . .

9. Wie sind die Promille-Regeln für Autofahrer bei Ihnen zu Haus? . . . .

. . . .

. . . .

Sein Hobby

A: Was machen Sie denn mit dem Wagen?
Damit kann man doch nicht mehr fahren.
B: Ich will ihn reparieren.
A: Verstehen Sie denn etwas davon?
Warum verkaufen Sie ihn denn nicht?
Sie bekommen sicher noch Geld dafür.
B: Wofür? Für den Wagen?
Was zahlen Sie denn dafür?
A: Ich? Nichts!
Ich denke nicht daran!
Ich gehe lieber zu Fuß.

7 Bitte antworten Sie: T 7

1. Fahren Sie noch mit dem Auto?   Ja, ich fahre noch *damit*.
2. Verstehen Sie etwas von Autos?   Ja, *ich verstehe etwas davon*
3. Bekommen Sie noch viel für das Auto? Ja, *ich bekomme noch viel dafür.*
4. Denken Sie an die Fahrt?   Ja, *ich denke daran*.
5. Warten Sie auf das Taxi?   Ja, *ich warte darauf.*

8 Bilden Sie Fragen und Antworten: T 8

1. Er kommt aus dem Haus.   Woher kommt er?   *Er kommt daraus* oder *daher*
2. Sie geht zum Postamt.   *Wohin* geht sie? *Sie geht dahin.*
3. Ich wohne bei meinen Eltern. *Wo* wohnen Sie? *Ich wohne bei ihnen.*
4. Wir fahren mit dem Bus.   *Womit* fahren Sie? *Wir fahren damit.*
5. Sie fährt zur Stadtmitte. *Wohin* fährt sie? *Sie fährt dahin.*
6. Er kommt von der Schule.   *Woher* kommt er? *Er kommt daher.*
7. Er kommt nach dem Essen.   *Wann* kommt er? *Er kommt danach.*
8. Sie dankt für die Einladung. *Wofür* dankt sie? *Sie dankt dafür.*

> **Womit** fährst du? Fährst du auch **mit dem** Bus? – Ja, ich fahre auch **damit**.
> **Mit wem** sprichst du? **Mit dem** Chef?   – Ja, ich spreche **mit ihm**.

9 Bilden Sie Fragen und Antworten:

1. Fährst du noch mit *dem* Wagen?   Ja, ich fahre noch ..... *damit.* ....

2. Wartest du auch auf *dem* Bus?   Ja, ich warte auch *darauf.* ....

3. Sprichst du mit *dem* Lehrer?   Ja, ich spreche gleich *mit ihm* ....

4. Interessierst du dich für Sport?   Ja, ich interessiere mich *dafür.* ....

5. Freust du dich auf *deinen* Urlaub?   Ja, ich freue mich sehr *darauf.* ......

6. Denkst du an *die* Kinokarten?   Ja, ich denke bestimmt *daran.* ....

7. *Womit* fährst du?   Ich fahre *mit dem* .... Bus.

8. *Auf wen* wartest du?   Ich warte *auf meine* ...... Frau.

9. *Mit wem* sprichst du?   Ich spreche *mit meiner* Sekretärin.

10. *Wofür* interessierst du dich?   Ich interessiere mich *für (den)* Sport.

11. *Worauf* freust du dich?   Ich freue mich *auf meinem* Urlaub.

12. *An wen* denkst du?   Ich denke *an meinen* Eltern.

**10 Am Morgen gehen oder fahren Sie zur Arbeit, zum Unterricht oder zum Einkaufen.
Beschreiben Sie Ihren Weg:**

1. Wann gehen Sie am Morgen aus dem Haus? *Ich gehe um acht Uhr.*

2. Womit fahren Sie? (Auto, Bus, Bahn, U-Bahn, Taxi, Straßenbahn) ....
Ich fahre mit dem Bus ....

3. Wie fahren Sie (von wo, wohin)? ....
Ich fahre von Fasanerle an Dieburga st zur Stadtmitte.

4. Wie lange dauert die Fahrt? *Sie dauert fünfzehn minuten.*

**11 Am Abend wollen Sie natürlich schnell nach Haus. Beschreiben Sie Ihren Weg vom Büro,
vom Unterricht oder von der Fabrik nach Haus:**

1. Wann kommen Sie aus dem Büro (aus der Schule, aus der Fabrik)? *Ich komme um siebenuhr.*

2. Womit fahren Sie nach Haus? *Ich gehe zu Fuß.*

3. Wie fahren Sie nach Haus (von – nach)? *Ich gehe von Luisenplatz*
...... nach Dieburger Str.

Den Rhein entlang

Der Rhein kommt aus der Schweiz.
Er fließt durch den Bodensee
und dann von Basel nach Norden.
Zur Schweiz und zu Frankreich
bildet er die Grenze. Er fließt
an Straßburg, Mainz, Bonn, Köln
und Düsseldorf vorbei und durch
Holland zur Nordsee.
Bei Mannheim fließt der Neckar
in den Rhein, bei Wiesbaden
der Main, bei Koblenz die Mosel
und bei Duisburg die Ruhr.
Die Landschaft und der Wein sind
für die Touristen interessant.
Für Europas Wirtschaft ist der
Rhein als Verkehrsader von
Bedeutung.
Und für Millionen Menschen kommt
das Trinkwasser aus dem Rhein.
Leider ist der Rhein durch die
Industrie auch sehr verschmutzt.

Aufgaben: Hausaufgabe

1. Durch welche Länder fließt
   der Rhein?
2. Zu welchen Ländern bildet
   der Rhein die Grenze?
3. Planen Sie eine Rheinreise.
   Wie wollen Sie reisen? Mit
   dem Schiff, mit der Bahn,
   mit dem Auto?
4. Wo wollen Sie Halt machen?
5. Was wollen Sie sehen?
   Wofür interessieren Sie sich?

 Atomkraftwerk

 Weingegend

6–5544/1

12   Eine Reise

Fräulein Klein: Ich muß los. Um halb vier fährt mein Zug.
Herr Weber: Dann ist es höchste Zeit.
                  Haben Sie schon ein Taxi bestellt?
Fräulein Klein: Nein. Können Sie das für mich tun?
Herr Weber: Wissen Sie was: Ich hole Sie von Ihrer Wohnung ab und
                  bringe Sie zur Bahn.

Fräulein Klein verläßt das Büro. Zu Haus packt sie den Koffer und bringt
ihr Zimmer in Ordnung. Da kommt auch schon Herr Weber.

Herr Weber: Haben Sie alles gepackt?
Fräulein Klein: Ja, kommen Sie herein. Ich bin fertig.
Herr Weber: Haben Sie auch nichts vergessen?
                  Geld, Ihren Ausweis, die Hausschlüssel?
Fräulein Klein: Ich glaube, ich habe alles, nur noch keine Fahrkarte.
Herr Weber: Die habe ich schon gekauft. Hier ist sie!

Fräulein Klein zieht ihren Mantel an und sieht in den Spiegel.
Herr Weber nimmt den Koffer und bringt das Gepäck zum Wagen.

Reisevorbereitungen

Den Koffer packen:
Den Koffer habe ich schon gepackt.
Ordnung machen:
So, hier habe ich Ordnung gemacht.
Geld, Ausweise, Schlüssel einstecken:
Das habe ich alles eingesteckt.
Jetzt noch ein Taxi bestellen:
Das Taxi habe ich bestellt.
Und nun noch die Fahrkarte kaufen:
Die Fahrkarte habe ich gestern schon gekauft.

Falsch eingestiegen

A: Die Fahrkarten bitte! – Wohin wollen Sie?
B: Ich habe Ihnen doch die Fahrkarte gegeben.
A: Tut mir leid, Sie haben nicht den Zug nach
   Augsburg, sondern nach Garmisch genommen.
B: Ich habe aber den Fahrplan gelesen
   und einen Beamten gefragt.
   Er hat gesagt: Augsburg, Gleis 23.
A: Das hier ist aber der Zug nach Garmisch.
   Der fährt in München von Gleis 32 ab.
B: Verdammt, da habe ich einen Fehler gemacht.

Belegt

A: Hast du einen Platz gefunden?
B: Da vorn sind zwei Plätze frei.
   Ich geh' schnell und belege sie.
A: Beeil dich, sonst setzt sich jemand hin.

Eine Minute später:
B: Hast du das gesehen? Die Koffer sind weg!
A: Wo hast du sie denn hingelegt?
C: Verzeihen Sie, meine Herren,
   ich habe die Koffer nach oben gelegt
   und die Plätze mit der Zeitung belegt.
A + B: Danke, das war sehr nett von Ihnen!

1 Bitte ergänzen Sie:

> *Beispiel 1:* die Fahrkarte → Ich habe die Fahrkarte gekauft.

1. die Fahrkarte 2. eine Zeitung 3. Zigaretten 4. das Buch 5. einen Mantel

> *Beispiel 2:* eine Reise → Ich habe eine Reise gemacht.

1. eine Reise 2. Ordnung 3. die Aufgaben 4. alles 5. nichts

> *Beispiel 3:* die Fahrkarte → Ich habe die Fahrkarte vergessen.

1. die Fahrkarte 2. mein Geld 3. den Hausschlüssel 4. meinen Ausweis
5. seinen Namen

> *Beispiel 4:* Fräulein Klein → Ich habe Fräulein Klein gesehen.

1. Fräulein Klein 2. den Film 3. die Wohnung 4. die Stadt 5. in den Spiegel

2 Antworten Sie mit „ja":

1. Hat sie die Koffer gepackt?   Ja, sie *hat* sie *gepackt.*
2. Hat er die Fahrkarte gekauft?   Ja, er *hat sie gekauft*
3. Hat er die Platzkarte bestellt?   *Ja, er hat sie bestellt.*
4. Hat er sie abgeholt?   *..., er hat sie abgeholt*
5. Hat sie ihren Mantel angezogen?   *..., sie hat ihn angezogen*
6. Hat er die Koffer genommen?   *..., er hat sie genommen*
7. Hat er ihr die Fahrkarte gegeben?   *..., er hat sie ihr gegeben*
8. Hat sie die Tasche vergessen?   *..., sie hat sie vergessen*

3 Wiederholen Sie die Übung:

> *Beispiel:* S1: Sie hat ihre Koffer gepackt.
> S2: Was hat sie gemacht? → S3: Sie hat ihre Koffer gepackt.

4 Bitte antworten Sie:

Packen Sie Ihre Koffer?   Ich habe sie schon *...gepackt.*
Kaufen Sie die Fahrkarte?   *Ich habe* sie schon *...gekauft*
Bestellen Sie das Taxi?   *Ich habe* es schon *...bestellt*
Geben Sie ihr die Fahrkarte?   *Ich habe* sie ihr schon *...gegeben*
Bringen Sie die Koffer zum Wagen?   *Ich habe* sie schon zum Wagen *gebracht*

Was hast du **gemacht?**	– Ich **habe** die Koffer **gepackt.**
Haben Sie das Taxi **bestellt?**	– Ja, ich **habe** gerade **telefoniert.**
Wo hast du die Schlüssel?	– Ich **habe** sie **eingesteckt.**

5 Ergänzen Sie die Verben im Perfekt:

1. (sagen) Hast du etwas *gesagt*...? – 2. (fragen) Ja, ich *habe* dich *gefragt*. –
3. (fragen) Was *hast* du *gefragt*..? – 4. (fragen/machen) Ich *habe* dich *gefragt*...:
„Was *hast* du gestern *gemacht*?" – 5. (packen) Ich *habe* meine Koffer *gepackt*.
6. (machen) Dann *habe* ich zu Haus Ordnung *gemacht*. 7. (telefonieren) Dann
habe ich *telefoniert*...8. (bestellen) Ich *habe* mir ein Hotelzimmer *bestellt*...
(reservieren) und *habe* einen Flug *reserviert*...9. (einstecken/kaufen) Dann *habe*
ich mir Geld *eingesteckt*.. und *habe* die Flugkarte *gekauft*..

Hast du die Pässe **gesehen?**	– Ja, ich **habe** sie dir doch **gegeben.**
Hast du auch nichts **vergessen?**	– Nein, ich **habe** alles **mitgenommen.**

6 Ergänzen Sie die Verben im Perfekt:

Herr und Frau Bauer wollen Urlaub machen. Sie haben alles in Ordnung gebracht und
sind nun am Bahnhof. Da fragt Frau Bauer ihren Mann:
1. (vergessen) Hoffentlich *haben*.. wir nichts *vergessen*... 2. (einstecken) *Hast*
du die Schlüssel *eingesteckt*.? 3. (mitnehmen) *Hast* du die Pässe *mitgenommen*.?
4. (ausmachen) *Hast* du den Fernseher wirklich *ausgemacht*..? 5. (abbestellen)
Hast du die Zeitungen noch *abgestellt*..? 6. (bezahlen) *Hast* du die Telefonrechnung *bezahlt*..? 7. (geben) *Hast* du die Uhr noch zur Reparatur *gegeben*..?
8. (einstecken) Und *hast* du das Geld wirklich *eingesteckt*..? 9. Herr Bauer antwortet: Ich *habe* die Schlüssel *eingesteckt*.. 10. Ich *habe* die Pässe *mitgenommen*..
und den Fernseher *ausgemacht*. 11. Ich *habe* die Zeitungen *abgestellt*.. und
die Telefonrechnung *bezahlt*.. 12. Ich *habe* die Uhr zur Reparatur *gegeben*.. und
auch das Geld *eingesteckt*.. 13. (machen/denken) Ich *habe* alles *gemacht*. und
an alles *gedacht*.

(Ein Brief aus dem Urlaub)

Liebe Gisela!

Seit drei Tagen sind wir hier in Tirol auf dem Campingplatz. Unsere Zeltnachbarn kommen aus Holland. Gestern hat es hier viel geregnet.
Deshalb haben wir unser Auto genommen und zusammen einen
Ausflug nach Innsbruck gemacht. Die Kinder haben hier inzwischen
Indianer gespielt. Wir haben einen Stadtbummel gemacht,
dann haben uns die Holländer zum Kaffee eingeladen.
Innsbruck hat uns gut gefallen. Bei der Rückfahrt hatten
wir Glück: Es hat einen Unfall gegeben, aber wir haben recht-
zeitig eine Umleitung gefunden. Der Regen hat aufgehört,
aber wir wissen noch nicht, was wir morgen machen wollen.
Hoffentlich scheint bald wieder die Sonne! Viele Grüße
Deine Brigitte

7 Bitte antworten Sie:

1. Was macht die Familie in Tirol? . . . .

2. Wie ist das Wetter? . . . .

3. Woher kommen die Zeltnachbarn? . . . .

4. Warum waren sie zusammen
in Innsbruck? . . . .
. . . .

5. Was haben sie in Innsbruck gemacht? . . . .

6. Warum hatten sie bei der Rückfahrt
Glück? . . . .
. . . .

8 Bilden Sie Fragen:

1. . . . .   *Gestern* hat es viel geregnet.

2. . . . .   Die Kinder *haben Indianer gespielt.*

3. . . . .   In Innsbruck hat es uns *gut* gefallen.

4. . . . .   Es hat *einen Unfall* gegeben.

5. . . . .   Wir wissen noch nicht,
was wir morgen machen wollen.

9 Stellen Sie Fragen (Interviews):

Wann hast du/haben Sie Urlaub gemacht? – Wo hast du/haben Sie Urlaub gemacht?
Was hast du/haben Sie dort gemacht? – Wie war das Wetter? usw.

Der Urlaub

A: Waren Sie schon im Urlaub?
B: Ja, ich bin gerade zurückgekommen.
A: Wo sind Sie denn gewesen?
B: Ich war in Bayern.
   Ich bin dort auf die Berge gestiegen.
   Haben Sie noch keinen Urlaub gehabt?
A: Doch, aber ich bin nicht weggefahren;
   ich bin daheim geblieben
   und spazierengegangen.

10 Bitte ergänzen Sie: **T 5**

> *Beispiel 1:*   nach Berlin → Ich bin nach Berlin gefahren.

1. nach Berlin 2. nach Hamburg 3. nach München 4. nach Köln 5. nach Hannover

> *Beispiel 2:*   von Paris   → Er ist von Paris gekommen.

1. von Paris 2. von New York 3. von Rio 4. von Kairo 5. von Tokio

> *Beispiel 3:*   ins Kino   → Wir sind ins Kino gegangen.

1. ins Kino 2. in ein Café 3. spazieren 4. zum Zug 5. nach Haus

> *Beispiel 4:*   in Hamburg → Sie sind in Hamburg geblieben.

1. in Hamburg 2. in Wien 3. zu Haus 4. in der Stadt 5. im Hotel

11 Bitte ergänzen Sie: **T 6**

Sie ist zum Bahnhof gefahren.   Er ist im Urlaub gewesen.

..... mit dem Zug .... in Bayern....................

.... gekommen.   .... geblieben.

..... nach Hause .... daheim......................

.... gegangen.   .... gewesen.

> **Haben** Sie schon Urlaub **gehabt?** – Ja, wir **sind** nach Österreich **gefahren.**
> **Hat** es Ihnen dort **gefallen?**   – Ja, wir **sind** gerne dort **gewesen.**

12 „sein" oder „haben":

1. Dieses Jahr .... wir schon Urlaub gemacht. 2. Wir .... nach Österreich gefahren. 3. Dort .... wir ein Hotelzimmer gesucht, aber die Hotels *waren*. schon alle belegt. 4. Wir .... dann ein Zimmer bei einer Familie gefunden. 5. Dort .... es uns sehr gut gefallen. 6. Wir .... Ausflüge gemacht und .... viel spazierengegangen. 7. Wenn das Wetter schön war, ... wir auf die Berge gestiegen. 8. Wenn es aber geregnet *hat* , *sind* wir zu Haus geblieben und .... gelesen oder Karten gespielt. 9. Dieser Urlaub .... wirklich schön gewesen. Wir .... viel Spaß gehabt.

13 Was haben Sie gestern (Sonntag) gemacht?

1. Wann sind Sie aufgestanden? *Ich bin um halb 9 aufgestanden.*
2. Was haben Sie dann gemacht? *Zusammen Schlafen!!* *Ich habe Kaffee gemacht.*
3. Haben Sie gearbeitet, gelernt oder gar nichts gemacht? *Ich habe einen Brief geschrieben.*
4. Sind Sie zu Haus geblieben oder weggefahren/spazierengegangen? *Wir sind in nachmittag spazierengegangen.*
5. Wo und was haben Sie gegessen? *Wir haben zu Haus Schnitzel, kartoffeln + mais gegessen.*
6. Wen haben Sie besucht oder eingeladen? *Niemand haben wir besucht oder eingeladen.*
7. Was haben Sie am Abend gemacht? *Am Abend habe ich meine Klarinette geübt.*
   Haben Sie gelesen, ferngesehen oder sind Sie ausgegangen? *Auch, ich habe eine Zeitung gelesen.*

14 Schreiben Sie noch einmal. **Beginnen Sie:**

Gestern bin ich um ..... Uhr aufgestanden, dann ....

....

....

....

Der Kurfürstendamm in Berlin (West)

Großstädte in der Bundesrepublik Deutschland und ihre Einwohner:

Hamburg	1 725 900	Dortmund	634 100
München	1 317 700	Düsseldorf	670 000
Köln	1 017 200	Stuttgart	606 500
Essen	680 800	Bremen	576 600
Frankfurt/Main	645 600	Nürnberg	503 900

Die Großstädte hatten bis 1970 mehr Einwohner. Dann haben viele Menschen eine Wohnung auf dem Land genommen. Aber das Land bietet nicht nur Vorteile.

Herr Hansen, zum Beispiel, hat eine Arbeit in Hannover gefunden und hat sich ein Reihenhaus in Burgdorf, 35 km von Hannover, gekauft. Er muß täglich mit dem Zug und auch noch mit der Straßenbahn zur Arbeit fahren. Das kostet viel Zeit: eineinhalb Stunden pro Fahrt. Und wenn er abends Freunde besucht hat, ist es oft Mitternacht, bis er wieder zu Hause ist.

Wie sehen Sie das? Welche Vorteile bietet die Stadt, welche das Land?

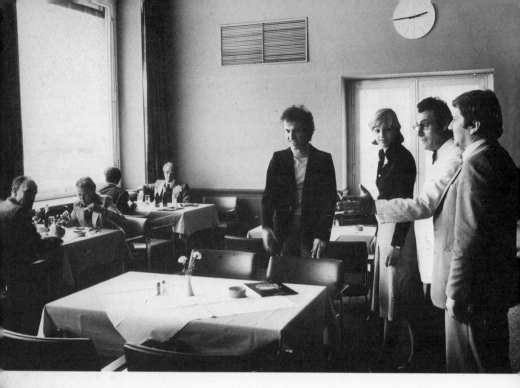

13 Im Restaurant

Herr Weber geht mit Freunden zum Essen.
Sie gehen in ein Restaurant und fragen den Ober:

Herr Weber: Herr Ober, haben Sie drei Plätze frei?
            Wenn möglich in einer Ecke oder am Fenster.
Ober: Einen Moment bitte, dort in der Ecke
            ist noch Platz.
Herr Weber: Aber an dem Tisch sitzt schon jemand.
            Vielleicht haben Sie einen Tisch am Fenster?
Ober: Am Fenster ist leider kein Tisch frei,
            aber dort an der Tür.
Herr Weber: An die Tür möchten wir uns nicht setzen.
            Wie ist es denn draußen auf der Terrasse?
Ober: Auf die Terrasse können Sie leider nicht,
            die ist heute geschlossen.
            Aber da in der Ecke wird gerade etwas frei.
Herr Weber: Gut, wir nehmen den Tisch in der Ecke.

Wo, wohin, wann?

A **Wohin gehen Sie?** ... in die Stadt, ins Büro, in den Unterricht, über die Straße

A **Wohin fahren Sie?** ... in die Schweiz, ans Meer, vors Hotel, hinter das Haus

D **Wo wohnen Sie?** ... in der Stadt, in der Ludwigstraße, am Stadtrand, auf dem Land

D **Wo arbeiten/studieren Sie?** ... in der Fabrik, im Büro, an der Universität

D **Wann kommen Sie?** ... am Vormittag, in der Nacht, am Montag, im Januar

Auskunft auf der Straße

A: Wie kommen wir auf die Autobahn?
B: Haben Sie einen Stadtplan?
A: Ja, hier ist der Plan.
B: Sehen Sie, auf dem Plan sind Sie hier.
   Fahren Sie auf dieser Straße weiter,
   dann kommen Sie auf den Ring,
   und von dort sind Sie schnell
   auf der Autobahn.
A: Vielen Dank für die Auskunft!
B: Gute Fahrt!

Ins Hofbräuhaus

A: Wo kann man hier gut essen?
B: Wenn du preiswert essen willst,
   dann geh in die Pizzeria an der Ecke.
A: In der Pizzeria war ich schon.
B: Oder fahr auf den Fernsehturm.
   Dort sitzt du über der Stadt
   und blickst auf die Berge.
A: Ich suche aber ein Lokal in der Nähe.
B: Dann geh doch ins Hofbräuhaus.
   Im Hofbräuhaus ißt man auch gut.

1   Bitte ergänzen Sie: **T 1**

A
D

| *Beispiel 1:* Wohin geht er? – Stadt → | Er geht in die Stadt. |
| *Beispiel 2:* Wo ist er?   – Stadt → | Er ist in der Stadt. |

1. Stadt 2. Büro 3. Schule 4. Kino 5. Unterricht

2   Bitte antworten Sie:

Beispiel 1:	Wo steht der Tisch?	→	Er steht in der Ecke.
Beispiel 2:	Wo liegt das Buch?	→	Es liegt auf dem Tisch.
Beispiel 3:	Wo hängt das Bild?	→	Es hängt an der Wand.

1. Tisch/Ecke 2. Buch/Tisch 3. Bild/Wand 4. Schrank/Wand 5. Fernseher/Wohnzimmer 6. Mantel/Bett 7. Couch/Ecke 8. Lampe/Wand

3   Wohin setzen sie sich?   **Wo sitzen sie?**   **T 3**

Sie setzen sich in *die*. Ecke.   Sie sitzen in *der* Ecke.

. . . . an *dem* Tisch.   . . . . *dem* Tisch.

. . . . an *das*. Fenster.   . . . . *dem* Fenster.

. . . . auf *die* Terrasse.   . . . . *der* Terrasse.

. . . . in *das*. Zimmer.   . . . . *dem* Zimmer.

4   Bitte wiederholen Sie: **Wo sind sie?**   **T 4**

Sie sind in die Stadt gegangen.   Sie sind . . *in der* . . . Stadt.

Sie sind ins Kino gegangen.   . . . . *im* . . . . . . Kino.

Sie sind an die Tür gegangen.   . . . . *an der* . . Tür.

Sie sind ans Fenster gegangen.   . . . . *an dem*. Fenster.

Sie sind auf die Terrasse gegangen.   . . . . *auf der* . . Terrasse.

Sie sind ins Restaurant gegangen.   . . . . *im* . . . . Restaurant.

5   Fragen und antworten Sie:

Wann	gehen Sie	in *die*. Stadt?	Und wann sind Sie	in *der*. Stadt?
	fahren	*das* Büro?		*dem* Büro?
		die Schule?		*der* Schule?
		das Kino?		*dem* Kino?
		die Uni?		*der* Uni?

Wir stellen den Stuhl **in die** Ecke.	Der Stuhl steht **in der** Ecke.
Er legt das Buch **auf den** Tisch.	Das Buch liegt **auf dem** Tisch.
Wir setzen uns **an den** Tisch.	Wir sitzen **am** Tisch.
Ich hänge das Bild **an die** Wand.	Das Bild hängt **an der** Wand.

6 Wo – wohin; in – an – auf:

1. . .Wo. . . . . soll ich den Koffer stellen? – Stellen Sie ihn *in . . die.* . Ecke!

2. . .Wo. . . . . kann denn der Ausweis liegen? – Liegt er nicht *auf . dem.* Tisch?

3. . .Wo. . . . . soll ich das Kleid hängen? – Hängen Sie es *in . . dem.* . Schrank!

4. .Wohin. . soll ich mich setzen? – Setzen Sie sich hier . . . . Couch.

5. . .Wo. . . . . kann denn das Buch sein? – Steht es nicht . . . . . Regal?

6. . .Wo. . . . . soll ich die Blumen stellen? – Stellen Sie sie . . . . Tisch!

7. . . . . können wir uns setzen? – Wir setzen uns alle . . . . Tisch.

8. . . . . soll ich den Tisch stellen? – Stell ihn doch . . . . Mitte.

9. . . . . kommt der Fernseher? – Der Fernseher kommt . . . . Wand.

10. . . . . ist der Vertrag? – Ihr Vertrag liegt . . . . . Büro.

7 legen/liegen – stellen/stehen – setzen/sitzen – hängen:

1. Wohin sollen wir den Tisch . .*stellen*. . .?

2. . .*Stellen*. . . Sie ihn da an die Wand. Da . . . . er gut.

3. Wohin soll ich den Brief . .*legen*. . . . . .?

4. . . . . .*Legen*. . . Sie ihn auf den Schreibtisch!

5. Kann ich das Kleid in den Schrank . *hängen*. . . .?

6. Wohin wollen Sie die Uhr denn . .*liegen*. . . . . .?

7. Die Uhr . . . .*lege*. . . . . ich über den Schreibtisch.

8. Kommen Sie, wir . .*setzen*. . . . . uns an diesen Tisch.

9. Nein, da . .*sitzt*. . . . . . . schon jemand.

10. Hier hat doch immer mein Ausweis . . . . Wo . . . . er denn jetzt?

11. Wollen Sie sich nicht lieber auf die Couch . . . .?

12. Nein, hier auf dem Stuhl . . . . man sehr gut.

13. Hast du die Blumen auf den Tisch . . . .?

14. Nein, auf dem Tisch . . . . schon Blumen. Ich . . . . sie ans Fenster.

In der Klasse

Bodo B. ist zehn Jahre alt. Das sagen seine Klassenkameraden über ihn: „Bodo legt die Beine auf den Tisch." – „Bodo sieht im Unterricht aus dem Fenster." – „Bodo wirft Stühle und Bänke um." – „Bodo haut." – „Bodo boxt." „Bodo macht alles kaputt. Dem leiht keiner mehr was." – „Bodo sitzt immer allein in der Bank." – „Warum?" – „Na ja – es will keiner mehr neben ihm sitzen." Das alles weiß Jutta nicht. Sie ist neu in der Stadt, kommt neu in die Klasse. Es ist nur ein Platz frei, der neben Bodo. Bodo: „Wenn die sich setzt, schmeiß ich die Bank um!" – „Bodo, nimm die Beine vom Tisch!" befiehlt die Lehrerin. „Jutta setz dich!" Das Mädchen setzt sich. Da fällt die Bank um. Jutta hebt sie wieder auf, nimmt Platz. Bodo steht neben der Bank. In der Pause schlägt Bodo Jutta die Klassentür vor den Kopf. Alle lachen. Dann sehen alle Jutta an. Die beißt die Zähne zusammen und setzt sich wieder auf ihren Platz.

nach *Ingrid Kötter*

8 Bitte antworten Sie:

1. Was sagen die Klassenkameraden über Bodo? . . . .
. . . .

2. Warum will keiner neben ihm sitzen? . . . .
. . . .

3. Warum muß Jutta neben Bodo sitzen? . . . .
. . . .

4. Was macht Bodo? . . . .
. . . .

5. Was machen die Klassenkameraden? . . . .
. . . .

6. Was macht die Lehrerin? . . . .
. . . .

7. Wie geht die Geschichte weiter? Was meinen Sie? . . . .
. . . .
. . . .
. . . .

Hin und her

A: Warum gehen Sie immer hin und her?
B: Ich weiß nicht, soll ich die Blumen
   hierher oder dorthin stellen.
A: Stellen Sie sie doch hinaus
   in den Garten!
B: Ja, aber dann muß ich sie wieder
   hereinholen, wenn es zu kalt wird.
A: Stellen Sie sie doch auf den Schrank!
B: So hoch hinauf, das kann ich nicht.
A: Warten Sie, ich helfe Ihnen.

9 Bitte antworten Sie: **T 5+6**

Wohin kommt der Koffer?   Der Koffer kommt hierher/dorthin.

Wohin kommt die Tasche?   Die Tasche . . . .

Wohin kommt der Spiegel?   . . . .

Wohin kommen die Blumen?   . . . .

Wohin kommt der Schrank?   . . . . , ...

Wohin kommt der Tisch?   . . . .

10 Bitte antworten Sie mit „ja“:   **T 7**

Gehen Sie hinaus?   Ja, ich gehe hinaus.

Kommen Sie herein?   Ja, ...

Holen Sie das Gepäck herein?   . . . .

Stellen Sie die Blumen hinaus?   . . . .

Kommen Sie herauf?   . . . .

11 hin- oder her-?

1. Ich möchte ins Büro.   Gehen Sie doch . . . .

2. Darf ich hereinkommen?   Kommen Sie bitte . . . .

3. Ich kann nicht aus dem Auto.   Ich helfe Ihnen . . . .

4. Wie komme ich über die Straße? Dort können Sie . . . .

5. Wie komme ich auf den Fernsehturm? Fahren Sie mit dem Lift . . . .

6. Kann ich hinunter?   Ja, kommen Sie . . . .

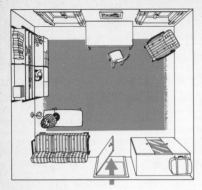

**12 Sie haben ein Zimmer gefunden und planen,
wie Sie es einrichten wollen:**

Der Schrank kommt an die Wand rechts neben der Tür.
Der Tisch kommt an ... Wand zwischen ... Fenstern.
Die Couch kommt links in ..... Ecke hinter ..... Tür.
Das Regal kommt an ..... Wand neben ..... Couch.
Der Stuhl kommt an ..... Tisch vor ..... Fenster.
Die Lampe kommt auf ..... Tisch vor ..... Couch.
Das Bild kommt an ..... Wand über ..... Schreibtisch.
Der Sessel kommt in ..... Ecke neben ..... Fenster.

**13 Sie haben eine neue Wohnung. Freunde helfen Ihnen, bringen Möbel, Bücher, das Radio,
usw. und fragen: Wohin soll das Radio?**

Sie antworten: Das Radio stellen wir **auf den** Tisch **in der** Ecke.

1. Wohin soll der Schrank? (Wand, Tür)

....

2. Wohin soll der Tisch? (Wand, Fenster)

....

3. Wohin sollen die Stühle? (Tisch, Wand)

....

4. Wohin sollen die Regale? (links, Wand)

....

5. Wohin sollen die Bücher? (Regal, Wand)

....

6. Wohin soll das Bild? (Wand, über Schreibtisch)

....

7. Wohin soll der Fernseher? (Tisch, neben Couch)

....

8. Hier sind Blumen. Wohin sollen die Blumen? (Vase, Tisch)

....

14 Sie haben das Zimmer eingerichtet. Beginnen Sie: Der Schrank steht ....

15 Beschreiben Sie Ihr Zimmer: ....

Das Bildungssystem in der Bundesrepublik Deutschland

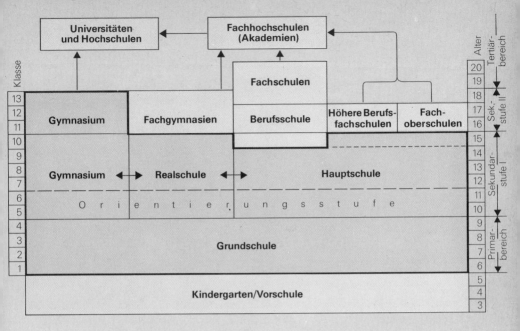

Bildungswege

Die Schulpflicht beginnt im Alter von 6 Jahren und endet mit 18.

Vier Jahre Grundschule sind für alle gleich. Bildungswege im Primar-
und Sekundarbereich: Grundschule + 5 Jahre Hauptschule + 3 Jahre Berufsschule

Grundschule + 6 Jahre Realschule + 2 Jahre Fachoberschule

Grundschule + 9 Jahre Gymnasium

Die Bildungswege sind nicht in der ganzen Bundesrepublik gleich. In einigen
Ländern gibt es Gesamtschulen. Darin sind alle Schultypen unter einem Dach.
In diesen Schulen können die Schüler den Bildungsweg leicht wechseln.
Entscheidend sind die Leistungen. An allen Schulen gibt es Noten von 1 bis 6:

1 = sehr gut	4 = ausreichend *satis*
2 = gut	5 = mangelhaft *pvor*
3 = befriedigend *fair*	6 = ungenügend *unsat.*

Aufgaben: 1. Wie ist das Schulsystem bei Ihnen?

2. Wie ist das Noten- oder Punktsystem? Vergleichen Sie!

3. Welche Bildungswege gibt es?

14 Ein neues Kleid

Fräulein Klein braucht ein neues, leichtes Kleid für die warme Jahreszeit.
Sie geht in ein großes Kaufhaus und denkt: Da werde ich sicher etwas
Hübsches finden.

Frl. Klein: Fräulein, können Sie mir bitte helfen?
Verkäuferin: Einen Augenblick! Ich muß noch eine andere Kundin bedienen.

Inzwischen sucht Fräulein Klein ein passendes Kleid, findet aber keins.
Dann geht sie weiter zu den Röcken und Blusen.

Verkäuferin: So, jetzt. Was darf es bitte sein?
Frl. Klein: Ich suche ein leichtes Sommerkleid,
              kann aber in meiner Größe nichts finden.
Verkäuferin: Welche Größe haben Sie? 38? Da ist leider schon alles weg.
              Aber nächste Woche bekommen wir neue Sachen.
Frl. Klein: So lange will ich nicht warten.
Verkäuferin: Die neuen Kleider sind aber sehr schick und auch preiswert.
Frl. Klein: Ach, ich probiere mal den blauen Rock und die gestreifte Bluse.
Verkäuferin: Selbstverständlich, wie Sie wollen.

Welcher Rock, welches Kleid, welche Bluse?
Welcher Anzug, welches Hemd, welche Hose?

(blau, grau, rot, weiß, lang, kurz)

A: Der weiße Rock ist schön,
aber der rote auch.
Welcher gefällt Ihnen?
B: Mir gefällt der rote.
A: Welchen soll ich nehmen?
B: Den roten natürlich. Sie werden
mit dem neuen Rock zufrieden sein.
A: Ja, das hoffe ich auch.

Was für eine Zeitung?

A: Was für Zeitungen haben Sie?
Nur deutsche?
B: Nein, wir führen auch ausländische.
Was für eine suchen Sie? Eine englische?
A: Nein, eine französische.
Es kann aber auch eine deutsche sein.
Ich suche einen aktuellen Bericht
über die Wahl in Frankreich.
B: Darüber steht heute etwas
in der „Frankfurter Allgemeinen".
A: Gut, dann geben Sie mir die „Frankfurter".

Welchen oder was für einen?   *Bleifreistift*

A: Ich brauche einen Bleistift.
Hast du einen?
B: Was für einen willst du?
A: Irgendeinen.
B: Wozu brauchst du denn den Bleistift?
Der hier ist hart – zum Linieren,
der da ist weich – zum Zeichnen und
der ist nicht zu hart und nicht zu weich.
Welchen willst du?
A: Gib mir den mittleren. – zum Schreiben.

1 Bitte ergänzen Sie:

Beispiel 1: grau → Das ist der graue Rock.

1. grau 2. neu 3. weiß 4. modern 5. alt

Beispiel 2: neu → Das ist das neue Kleid.

1. neu 2. rot 3. lang 4. schön 5. blau

Beispiel 3: blau → Das ist die blaue Bluse.

1. blau 2. hübsch 3. billig 4. rot 5. gestreift

Beispiel 4: neu → Ich möchte eine neue Bluse.

1. neu 2. rot 3. hübsch 4. modern 5. schick

Beispiel 5: weiß → Ich möchte einen weißen Rock.

1. weiß 2. schön 3. kurz 4. neu 5. preiswert

---

2 Ich möchte moderne Sachen.   Sie möchte eine rote Bluse. . . . .

. . . . Blusen   . . . . neu- . . . .

. . . . hübsch- . . . . *einen weißen* . Rock.

. . . . Röcke   . . . . modern- . . . .

. . . . preiswert- . . . . *eine rote* . . . . . Bluse

. . . . Kleider   . . . . preiswert- . . . .

Akk.

ein rotes Kleid

3 Wiederholen Sie die Übung 2. Beginnen Sie:

„Hier sind die modernen Sachen."   „Sie kauft die rote Bluse."

4 Bilden Sie Fragen und Antworten:

Was für ein	Kleid	möchten Sie?	(Ich möchte)	ein	hübsch*es*. .
Was für eine	Bluse			eine	billig. . . . .
Was für einen	Rock			einen	leicht. . . . .
Was für	Schuhe				schön. . . . .
Welches	Hemd	nehmen Sie?	(Ich nehme)	das	gestreift*e*. . .
Welche	Krawatte			die	preiswert*e*. . .
Welchen	Anzug			den	teuer*e*. . .
Welche	Schuhe			die	schwarz*e*. . .

(handwritten annotations: Not good, Deutsch, What kind)

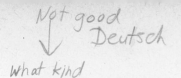

> Was für ein Mantel ist das? – Das ist ein leichter Sommermantel.
> Was für ein Auto haben Sie? Ein neues? – Nein, ich habe ein altes Auto.
> Was für eine Wohnung suchen Sie? – Ich suche eine kleine Wohnung.
> Was für einen Anzug haben Sie sich gekauft? – Einen dunklen.
> Was für Sachen sind das? Alte oder neue? – Das sind nur alte Sachen.

5 Ergänzen Sie die Adjektive:

1. (alt/neu) Sie haben ein . .*altes*. . . Auto und wollen ein . .*neues*. . kaufen. 2. (neu/teuer) Ein .*neues*. Auto ist sehr .*teuer*. . . Was für ein Auto wollen Sie kaufen?
3. (groß/klein) Ein .*großes*. . oder .*kleines*. ? 4. (teuer/billig) Ein .*teures*. oder *billiges*. . ? 5. (neu/gebraucht) Vielleicht kein .*neues*. . ., sondern ein .*gebrauchtes*?
6. (ander/alt) Sie suchen eine . .*andere*. . Wohnung. Die .*alte*. . . ist Ihnen zu teuer. Aber was für eine Wohnung wollen Sie nehmen? 7. (alt/neu) Eine .*alte*. . . oder *neue*. . .? 8. (klein/groß) Eine . .*kleine*. oder .*große*. ? 9. (teuer/billig) Bestimmt keine *teure*. . . Aber was für eine ist heute noch .*billig*. . . .? 10. Es wird Winter. (schön/warm) Sie brauchen einen . . . *schönen, warmen*. . . . . Mantel. 11. (leicht/warm) Ihr .*leichter* Sommermantel ist nicht. *warm*. genug. Aber was für einen Mantel wollen Sie kaufen? 12. (blau/grau) Einen *blauen*. oder *grauen*.? 13. (kurz/lang) Einen .*kurzen*. oder .*langen*.? 14. (zu teuer) Auf keinen Fall einen zu *teuren*.! 15. (leicht) Haben Sie .*leichte* Sommermäntel? – 16. Die *leichten*. Sommermäntel finden Sie unten.

6 · Bilden Sie Fragen und Antworten:

Welcher	Anzug ✓	gefällt Ihnen besonders?	Der	blau.....
Welches	Kleid ✓		Das	ander.....
Welche	Bluse ✓		Die	dunkl.....
	Rock ⌐			gestreift.....
	Schuhe ⌐			schwarz.....
Welchen	Mantel	darf ich Ihnen einpacken?	Den	modern.....
Welches	Hemd		Das	rot.....
Welche	Krawatte *(tie)*		Die	schick.....
Welche	Hose			teuer..... usw.

Sparsam und treu

Konstanz (dpa)

Die deutsche Frau muß sparsam, treu, sauber, herzlich, natürlich, fleißig, ehrlich, hübsch, klug, ordnungsliebend, humorvoll, pünktlich, verschwiegen und selbstlos sein. Das jedenfalls ist die Meinung der Männer.

Ein Institut für Demoskopie stellte fest: 65 Prozent aller deutschen Männer sehen die Sparsamkeit als die wichtigste Eigenschaft der Frau an. Erst dann folgen mit 62 Prozent die Treue und mit 60 Prozent die Sauberkeit. 38 Prozent der befragten Männer wollen hübsche Frauen, 39 Prozent ordnungs-liebende, 29 Prozent kluge, 25 Prozent humorvolle, 15 Prozent pünktliche, 14 Prozent verschwiegene und 9 Prozent selbstlose Frauen. 66 Prozent von den Sechzehn- bis 29jährigen bevorzugen treue Frauen, 56 Prozent natürliche, 55 Prozent saubere und 54 Prozent sparsame Partnerinnen.

Bei den Angestellten, Beamten und Selbständigen steht mit 63 Prozent die Treue als die wichtigste Eigenschaft der Frau an erster Stelle. Bei den 60-jährigen und älteren erreicht die Sparsamkeit mit 77 Prozent einen absoluten Spitzenwert.

---

7 Bitte antworten Sie:

1. Wie soll die deutsche Frau

   nach Meinung der Männer sein? . . . .

   . . . .

2. Was sehen sie als die wichtigsten . . . .

   Eigenschaften an? . . . .

3. Welche Eigenschaften wünschen sich . . . .

   die 16–29jährigen? . . . .

4. Welche Eigenschaften bevorzugen . . . .

   die Angestellten und Beamten? . . . .

5. Und wie wünschen sich die 60jährigen . . . .

   ihre Frauen? . . . .

8 Was meinen Sie?

1. Nennen Sie wichtige Eigenschaften a) . . . .

   a) von Männern b) von Frauen b) . . . .

2. Welche Eigenschaften sind bei Sie sollen . . . .

   Männern und Frauen gleich wichtig? . . . . sein.

3. Welche Eigenschaften erwarten Sie Er/sie muß . . . .

   von einem Freund/einer Freundin? . . . . sein.

4. Und welche Eigenschaften haben Sie? Ich bin . . . .

   . . . .

Haus und Garten

A: Wem gehört denn das Haus hier?
B: Das Haus gehört mir.
A: Das ist ein schönes Haus,
   ein großer Garten
   und eine ruhige Lage.
B: Ja, ich kenne kein schöneres Haus.
   Ich möchte auch
   keinen größeren Garten,
   vielleicht eine bessere Lage.
A: Wieviel hat das Haus denn gekostet?
B: Nicht viel. Aber heute kostet es
   natürlich viel mehr.

9 Bitte antworten Sie mit „ja": **T 6**

Ist das Haus modern?   Ja, das ist ein *modernes Haus.*

Ist der Garten schön?   Ja, *das ist einen schönen Garten*

Ist das Büro klein?   Ja, *das ist ein kleines Büro.*

Ist der Wagen neu?   Ja, *das ist ein neuen Wagen.*

Ist die Familie nett?   Ja, *die ist eine nette Familie*

Ist die Straße ruhig?   Ja, *es ist eine ruhige Straße.*

Ist der Anzug teuer?   Ja, *es ist eine teuren Anzug.*

G 14.1.4

> Das hier ist ein **großes** Haus, aber das dort ist **größer.**
> Ein **größeres** findest du hier nicht.

10 Ergänzen Sie die Adjektive im Komparativ:

Kennst du ein *schöneres* Haus?   Nein, kein Haus ist schöner.

Kennst du einen *größeren* Garten?   Nein, kein Garten ist größer.

Kennst du eine *ruhigere* Straße?   Nein, keine Straße ist ruhiger.

Kennst du eine *ältere* Stadt?   Nein, keine Stadt ist älter.

Kennst du eine *bessere* Lage?   Nein, nirgendwo ist sie besser.

11 Sie gehen mit Ihrem Freund oder Ihrer Freundin in ein Restaurant oder Café.

Sie bestellen Bier, und der Ober fragt:
1. Möchten Sie ein Klein*es* oder Groß*es*, Hell*es* oder Dunkl*es*?
   Sie antworten: Ein ...*großes Helles*... und ein ...*großes Dunkle*... bitte!
2. Oder Sie bestellen Wein. Rotwein oder Weißwein. Sie sagen:

Akk.   Herr Ober, ein Viertel ..*Roten*.. und ein Viertel .*weißen*. bitte!
3. Vielleicht wollen Sie auch etwas essen. Ein kleines oder großes Menü zum Beispiel.
   Auf die Frage: Welches Menü wünschen Sie? antworten Sie:
   Zweimal das ..*große*.. bitte!

12 Bilden Sie Sätze:

(von)   *Akk/Nom*

Das Kleid	ist mir	zu klein.	Nehmen Sie	das,	das ist	größer.
Der Anzug		zu weit. *wide*		den,	der *ist*	enger. *narrow*
Die Hose		zu kurz.		die,	die	länger.
		zu teuer.	*Take* *that,* *it is*			billiger.
		zu unmodern.				moderner.
		nicht schön genug.				schöner.

G 14.1.4

Haben Sie keinen größ**eren**, dunkl**eren**, und preiswert**eren** Anzug?
Haben Sie kein klein**eres**, billig**eres**, modern**eres** und hübsch**eres** Kleid?
Haben Sie keine eng**ere**, läng**ere**, schick**ere** und modern**ere** Hose?

13 Was sagen Sie?

1. Sie wollen einen Anzug (ein Kleid, eine Hose) kaufen. Er (es, sie) soll dunkel sein.
   Sie sagen: Ich möchte *einen dunklen Anzug. Er soll dunkel sein.*
2. Der Anzug (das Kleid, die Hose) ist Ihnen zu eng (zu kurz, zu klein).
   Sie fragen: Haben Sie *einen weiteren Anzug?*
3. Der Anzug (das Kleid, die Hose) ist Ihnen nicht modern (nicht elegant) genug.
   Sie sagen: Ich möchte gern (hätte gern) *einen moderneren Anzug.*
4. Der Anzug (das Kleid, die Hose) ist Ihnen viel zu teuer. Sie sagen:
   Das ist mir leider *zu teuer.* Haben Sie nichts *Billigeren?*
5. Sie wollen den Anzug (das Kleid, die Hose) nicht kaufen, weil er (es, sie) nicht schick
   genug (zu teuer) ist oder die Größe nicht paßt. Was sagen Sie?
   Es tut mir leid: Der Anzug ist mir zu unmodern.
   leider

14 Wiederholen Sie die Übung mündlich: Sie wollen einen Mantel, eine Tasche, Schuhe usw.

104

gewöhnen = to get used to

Im Fußballstadion, am Stammtisch, im Konzertsaal

Was denken Ausländer über die Deutschen?

Wenn Ausländer an die Deutschen denken, dann fallen ihnen folgende Dinge ein:
Starke Wirtschaft, solide Autos, perfekte Organisation, gute Musik.
Sie denken auch an den Fußball und ans deutsche Bier.
Franzosen, Briten, Italiener, Niederländer und Amerikaner
halten die Deutschen in der Bundesrepublik für:

fleißig:	91,4%	höflich:	74,2%
sauber:	89,4%	laut:	58,8%
demokratisch:	75,8%	friedlich:	55,4%

1. Was halten Sie von dieser Statistik?

. . . .

2. Woran denken Sie, wenn Sie an die Deutschen denken?

. . . .

3. Was gefällt Ihnen an den Deutschen? Was nicht?

Mir gefällt . . . .

Mir gefällt nicht . . . .

Pos.   *Neg.*
          ernst (serious)
          unbiegsam (inflexible)

105

Das Wandern ist des Müllers Lust

Text: W. Müller
Melodie: K. Fr. Zöllner

1. Das Wan - dern ist des Mül - lers Lust,

das Wan - dern ist des Mül - lers Lust, das Wan - dern!

Das muß ein schlech - ter Mül - ler sein,

dem nie - mals fiel das Wan - dern ein,

das Wan - dern, das Wan - dern, Wan - dern,

das Wan - dern, das Wan - dern,

das Wan - dern, das Wan - dern, das Wan - dern.

2. Vom Wasser haben wir's gelernt,
Vom Wasser haben wir's gelernt, vom Wasser.
Das hat nicht Ruh' bei Tag und Nacht,
Ist stets auf Wanderschaft bedacht,
Ist stets auf Wanderschaft bedacht, das Wasser.

3. Das sehn wir auch den Rädern ab,
Das sehn wir auch den Rädern ab, den Rädern.
Die gar nicht gerne stille stehn
Und sich am Tag nicht müde drehn,
Und sich am Tag nicht müde drehn, die Räder.

106

Die Gedanken sind frei

Volkslied

1. Die Ge - dan - ken sind frei, wer kann sie er - ra - ten?
Sie —— flie - hen vor - bei wie nächt - li - che Schat - ten.

Kein Mensch kann sie wis - sen, kein Jä - ger er - schie - ßen.

Es blei - bet da - bei: die Ge - dan - ken sind frei!

Ade zur guten Nacht

Volkslied

1. A - de zur gu - ten Nacht, jetzt wird der Schluß ge - macht,

daß ich muß schei - den. Im Som - mer, da wächst der Klee,

im Win - ter, da schneit's den Schnee, da komm ich wie - der.

16 Falsch geparkt

Herr Weber hatte es eilig. Es gab aber weit und breit keinen Parkplatz. Er
ließ den Wagen vor einem Zigarettenladen stehen. Nach wenigen Minuten
kam er zurück und fand am Wagen eine Verwarnung. Er nahm den Zettel,
ging zum nächsten Polizisten und gab ihm den Zettel.

Polizist: Sie haben leider falsch geparkt. Sie müssen zehn Mark zahlen.

Herr Weber: Mein Wagen stand aber nur ein paar Minuten da.

Polizist: Tut mir leid, aber Sie müssen zahlen.

Herr Weber: Ich möchte es Ihnen gern erklären: Ich wollte mir schnell Ziga-
            retten holen und habe keinen Parkplatz gefunden.
            Da dachte ich, das macht doch nichts, ich bin ja gleich
            wieder zurück.

Polizist: Hier ist Parken aber verboten.
            Wußten Sie das nicht?

Herr Weber: Dann zahle ich eben die 10 Mark.

Polizist: Sie müssen das Geld überweisen. Die Zahlkarte ist am Formular.

Er erzählt:

Gestern war ich in der Stadt
und wollte mir Zigaretten kaufen,
konnte aber keinen Parkplatz finden.
Weil ich es eilig hatte,
stellte ich meinen Wagen vor dem Laden ab.
Da durfte man aber nicht parken.
Ein Polizist kontrollierte gerade,
und ich mußte 10 Mark zahlen.
Das war ärgerlich.

Der Augenzeuge

A: Wie war das? Was haben Sie gesehen?
B: Ein Kind spielte auf dem Gehweg mit dem
   Ball. Da sprang der Ball auf die Straße,
   und das Kind lief hinterher.
A: Konnte der Fahrer das Kind nicht sehen?
B: Ich glaube nicht. An der Straße parkten
   eine Reihe Autos.
A: Konnten Sie das Kind nicht zurückhalten?
B: Nein, es ging alles viel zu schnell.

Schwarz gefahren

A: Was ist denn mit dir los?
B: Ich mußte in der U-Bahn 20 Mark zahlen.
A: Bist du schwarz gefahren?
B: Eigentlich nicht. Ich hatte eine Karte.
A: Hast du sie beim Einsteigen
   nicht entwertet?
B: Ich wußte das nicht.
   Ich bin doch fremd hier.
A: Konntest du das denn nicht erklären?
B: Nein, es gab keine Diskussion.
   Ich mußte zahlen.
A: Du kannst dich noch schriftlich
   beschweren.

1 Bitte ergänzen Sie: T 1+2

> *Beispiel 1:* Ist er krank? → Nein, er war krank.

1. Ist er krank? 2. Ist er in Berlin? 3. Ist er hier? 4. Ist er im Büro? 5. Ist er bei Herrn Hartmann?

> *Beispiel 2:* Kam er mit dem Brief? → Ja, er hatte den Brief.

1. Brief 2. Paß 3. Tasche 4. Geld 5. Zeitung

> *Beispiel 3:* Kommt sie? → Ja, sie wollte kommen. *She wanted to come.*
>
> *Beispiel 4:* Kommt sie? → Ja, sie sollte kommen. *She should have come.*

1. Kommt sie? 2. Bleibt sie? 3. Fährt sie weg? 4. Ruft sie an? 5. Geht sie mit?

2 Bitte antworten Sie mit „nein": T 3

Ist er gekommen?	*he couldn't come.* Nein, er konnte nicht kommen.
Ist er geblieben?	Nein, er .... bleiben ......
Ist er weggefahren?	Nein, ... wegfahren ..
Hat er angerufen?	Nein, ... anrufen ....
Ist er mitgegangen?	Nein, ... mitgehen

3 Wiederholen Sie die Übung mit „Ja, er mußte kommen". *must have* T 4

4 Bitte antworten Sie mit „ja": T 5

Ist er schon gekommen?	Ja, er kam gerade.
Sind Herr und Frau Schmitt gegangen?	Ja, sie gingen gerade.
Sind sie schon weggefahren?	Ja, sie fuhren gerade weg.
Hat Paul schon angerufen?	Ja, er rief gerade an.
Hat er ihm das Geld gegeben?	Ja, er gab ihm das Geld.
Hast du auch daran gedacht?	Ja, ich dachte auch daran.

5 Bilden Sie Fragen und Antworten:

Wann	gingen Sie kamen	gestern heute	in ... Fabrik? aus ... Büro? zu ... Essen? von ... Schule? nach Haus?	Ich	ging um ... kam	in .... aus .... zu .... von .... nach ....

> Herr Weber **wollte** in die Stadt fahren, **konnte** aber keinen Parkplatz finden.
> Er **parkte** im Parkverbot und **stellte** seinen Wagen vor einem Laden **ab**.
> Ein Polizist **kontrollierte** und **sagte**: „Sie haben falsch geparkt. **Wußten** Sie
> das nicht?" – Er **antwortete**: „Dann zahle ich eben." Und er **zahlte** 10 Mark.

6   Ergänzen Sie die Verben im Präteritum:

1. (wollen) Gestern abend *wollten* wir ins Kino gehen. 2. (bestellen/abholen) Wir
bestellten uns Karten und *holten* die Karten um halb acht an der Kino-
kasse *ab*. 3. (müssen/haben) Aber wir *mußten* warten, wir *hatten* noch
45 Minuten Zeit. 4. (wissen) Das *wußten* wir vorher nicht. 5. (sollen) Was *sollten*
wir so lange tun? 6. (sagen/antworten) Ich *sagte*: „Wir können noch einen
Bummel machen", und alle *antworteten*: „Gut, gehen wir also." 7. (wissen/sollen)
Letzten Sonntag *wußte* ich nicht, was ich machen *sollte*. 8. (regnen/können)
Es *regnete* und ich *konnte* nicht spazierengehen.

> Gestern **war** ich in der Stadt, **fand** aber keinen Parkplatz. Dafür **bekam** ich eine
> Verwarnung. Ich **nahm** den Zettel und **ging** zum Polizisten. Der **blieb** aber hart.

7   Ergänzen Sie die Verben im Präteritum:

Gestern *war* ich in der Stadt und *hatte* es eilig. Ich *wollte* mir Zigaretten
holen, es *gab* aber keinen Parkplatz. Darum *mußte* ich meinen Wagen vor dem Laden
stehen. Nach wenigen Minuten *kam* ich zurück und *sah* an meinem Wagen eine
Verwarnung. Ich *nahm* den Zettel, *ging* zum Polizisten und *gab* ihm den Zettel.
Der Polizist *sagte*: „Sie haben leider falsch geparkt." Ich *antwortete*: „Mein
Wagen *war* aber nur ein paar Minuten da." Ich *möchte* es dem Polizisten
erklären und *sagte*: „Ich *wollte* mir nur Zigaretten holen und ....:
Das macht doch nichts, ich bin ja gleich wieder zurück." Aber der Polizist *blieb*
hart und *sagte*: „Auf dem Fußgängerüberweg ist Parken immer verboten. Das
wußten Sie doch, oder nicht?" Da (denken) *dachte* ich, dann zahle ich eben.

Wenn ich Bürgermeister wäre... would have been

Viele Schüler und Schülerinnen dachten über folgende
Fragen nach: Was würdest du tun, wenn du in deiner Stadt
Bürgermeister wärst? Was würdest du anders machen?
Was würdest du für besonders wichtig halten?
Dann haben sie darüber einen Aufsatz geschrieben.
Beni A. schrieb: Als Bürgermeister würde ich einige Dinge ändern oder ver-
bessern. Ich würde mehr Straßen und Wohnungen bauen und alte Häuser
renovieren. Wer Müll auf die Straße wirft, müßte eine Geldstrafe zahlen. Ich
würde auch für gute Schulen und für Schulbusse sorgen. Und ich würde einen
Tierpark bauen. Der müßte die Tiere schützen und würde den Menschen
Freude machen. Das alles würde ich tun, wenn ich Bürgermeister wäre.

8 Bitte antworten Sie:

1. Was würde Beni A. bauen, wenn er Bürgermeister wäre? ....

....

2. Wofür würde er sorgen? ....

3. Wer müßte bei ihm Strafe zahlen? ....

....

9 Was würden Sie tun, wenn Sie Bürgermeister wären?

1. Wenn ich Bürgermeister wäre, ...

....

2. Was würden Sie ändern? ....

....

3. Was würden Sie nicht machen? ....

....

....

4. Was würden Sie anders machen, wenn Sie der Direktor Ihrer Schule, (Ihres Instituts,
   Ihrer Firma) wären? ....

....

....

....

....

Wenn und Aber

A: Was für ein Auto würden Sie
sich denn kaufen?

B: Ich hätte gern einen Mercedes.

A: Ich wäre auch schon mit
einem Volkswagen zufrieden.
Dann könnte ich zur Arbeit fahren
und hätte auch am Sonntag einen
Wagen.

B: Ja, Geld müßte man
haben oder die richtigen
Lottozahlen.

10 Bitte ergänzen Sie: T 6

Er hat es eilig.   Ich hätte es nicht eilig.

Er ist sicher.   . . . .

Er parkt hier.   . . . .

Er hat das bezahlt.   . . . .

Er ist damit zufrieden.   . . . .

Er fährt weg.   . . . .

Er hat den Wagen gekauft.   . . . .

Er ruft an.   . . . .

Er kann das tun.   . . . .

Er ist zu Haus geblieben.   . . . .

Er kann den Brief lesen.   . . . .

Er kauft den Bus.   . . . .

11 Bitte fragen Sie: T 7

Entschuldigen Sie mich?   Würden Sie mich bitte entschuldigen?

Sind Sie so freundlich?   Wären . . . .

Kann ich die Zeitung haben?   . . . .

Haben Sie eine Minute Zeit?   . . . .

Geben Sie mir die Tasche?   . . . .

Können Sie mir etwas mitbringen?   . . . .

12 Höflich bitten, höflich fragen:

Ich	möchte hätte gern	eine Auskunft. ein Bier. ein Formular. einen Tag frei. eine Zeitung. Zigaretten.	Was für	eine Auskunft Bier Formular Wochentag Zeitung Zigaretten	hätten möchten	Sie denn gern?

13 Was würden Sie tun oder was würden Sie sagen?

1. Wenn Sie Ihre Handtasche (Brieftasche) nicht mehr finden würden, weil Sie sie irgendwo vergessen haben? . . . .
. . . .

2. Wenn Sie von der Polizei kontrolliert würden, aber den Führerschein und die Auto-papiere nicht dabei hätten? . . . .
. . . .

3. Wenn Sie in der Straßenbahn (U-Bahn) bei einer Kontrolle keinen Fahrschein hätten? . . . .
. . . .

4. Wenn Sie spät nachts nicht ins Haus könnten, weil Sie den Hausschlüssel nicht dabei hätten? . . . .

5. Wenn Sie beim Parken ein anderes Auto beschädigt hätten? . . . .
. . . .

6. Wenn Sie in der Lotterie viel Geld gewonnen hätten? . . . .
. . . .
. . . .

14 Ergänzen Sie die Verben im Konjunktiv:

1. Hatten Sie einen schönen Urlaub?   Wir . . . . einen schönen Urlaub gehabt, wenn es nicht so viel geregnet . . . .

2. Hatten Sie schöne Ferien?   Die Ferien . . . . schön gewesen, wenn
es nicht so kalt gewesen . . . .

3. Hatten Sie eine gute Reise?   Wir . . . . eine gute Reise gehabt, wenn
nicht so viel Verkehr gewesen . . . .

4. Hatten Sie ein schönes Wochenende? Das Wochenende . . . . . schön gewesen, wenn
ich frei gehabt . . . .

*Rathaus
in Münster (Westfalen)*

Städte und Gemeinden

Die Bürger einer Stadt oder einer Gemeinde wählen den Stadtrat oder Gemeinderat (= das Gemeindeparlament). Die Gemeinde- oder Stadträte wählen den Bürgermeister und in großen Städten den Oberbürgermeister.

In Bayern und Baden-Württemberg wählen die Bürger den Bürgermeister direkt. Früher gab es über 24000 Gemeinden. Nach einer Gemeindereform gibt es nur noch 8000 Gemeinden und Städte in der Bundesrepublik. Ihre Aufgaben sind:

Wasser, Strom, Müllabfuhr;
Kindergärten, Schulen, Altenheime;
Straßen, Straßenbahnen, Omnibusse usw.

Aufgaben:

1. Wer wählt den Bürgermeister in Ihrem Land?
2. Welche Aufgaben haben die Städte oder Gemeinden bei Ihnen?

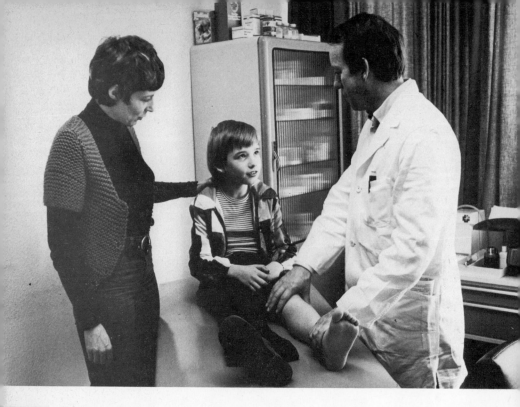

17 Beim Arzt

Stefan hat sich den Fuß verletzt und kann nicht gehen.
Frau Hartmann hat ihn zum Arzt gebracht. Dr. Wagner untersucht ihn.
Er kann nicht feststellen, ob der Fuß gebrochen ist oder nicht.
Darum muß er den Fuß röntgen.

Dr. Wagner:	Ein Glück, daß der Knöchel nicht gebrochen ist.
Stefan:	Wie lange muß ich liegen, Herr Doktor?
Dr. Wagner:	Eine Woche mindestens.
Stefan:	Nur gut, daß keine Ferien sind!
Dr. Wagner:	Wir werden sehen, daß du bald wieder gesund wirst.
Frau Hartmann:	Sagen Sie mir bitte, was ich tun muß.
Dr. Wagner:	Sorgen Sie nur dafür, daß er ruhig liegt.
	Rufen Sie mich morgen an, und sagen Sie mir, wie es ihm geht.
Frau Hartmann:	In Ordnung. Und vielen Dank, Herr Doktor!
Dr. Wagner:	Auf Wiedersehn, Frau Hartmann!
	Und gute Besserung, mein Junge!

Grippe

A: Ich glaube, ich bekomme eine Grippe.
  Ich weiß nicht,
  ob ich da zur Arbeit gehe.
B: Die Frage ist, ob du Fieber hast.
A: Ich bin sicher, daß ich Fieber habe.
B: Dann mußt du gleich ins Bett gehen.
A: Ich will erst sehen,
  wie hoch das Fieber ist.
  Dann können wir entscheiden,
  ob ich zur Arbeit gehe oder nicht.

Die Untersuchung

A: Guten Tag! Wo tut's denn weh?
B: Ich weiß nicht, was es ist,
  ich habe immer Kopfweh.
  Ob das das Wetter ist?
A: Es könnte sein, daß Sie einen
  zu niedrigen Blutdruck haben.
B: Ich weiß auch nicht, warum ich
  oft so müde bin.
A: Ich werde feststellen, was es ist,
  und dann werden wir sehen,
  daß es Ihnen bald wieder besser geht.

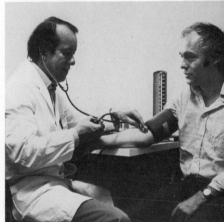

Der Besuch

A: Weißt du, wann Maria kommt?
B: Nein, ich weiß nicht, wann sie kommt.
  Ich weiß auch nicht,
  ob sie überhaupt kommt.
A: Doch, sie hat gesagt, daß sie kommt.
B: Nun, wenn sie gesagt hat, daß sie
  kommt, wird sie wohl auch kommen.
A: Die Frage ist nur, wann?
  Ich möchte wissen, ob sie mit uns
  zu Abend ißt oder nicht.

1 **Bitte ergänzen Sie:** **T 1**

> *Beispiel 1:* „Ich komme." → Er sagt, daß er kommt.

1. „Ich komme." 2. „Ich bleibe." 3. „Ich gehe mit." 4. „Ich rufe dann an." 5. „Ich muß noch arbeiten."

> *Beispiel 2:* „Kommt ihr?" → Er fragt, ob wir kommen.

1. „Kommt ihr?" 2. „Bleibt ihr hier?" 3. „Geht ihr ins Kino?" 4. „Ruft ihr noch an?" 5. „Könnt ihr kommen?"

2 **Verbinden Sie die Sätze mit „daß" oder „ob":** **T 2**

Ich frage: „Ist er da?"	Er fragt, ... er da ist.
Ich glaube, sie ist krank.	Er glaubt, ...
Ich meine, wir haben noch Zeit.	Er meint, ...
Ich frage: „Seid ihr morgen zu Haus?"	Er fragt, ...
Ich denke, wir können das machen.	Er denkt, ...

3 **Wiederholen Sie die Übung. Beginnen Sie „Er hat gefragt, ob er da ist".** **T 3**

4 **Bitte antworten Sie „Ich weiß nicht, ...":** **T 4**

Wann kommt er?	Ich weiß nicht, wann . . . .
Wohin geht er?	Ich weiß nicht, ...
Was macht sie?	Ich weiß nicht, ...
Warum schreibt sie nicht?	Ich weiß nicht, ...
Wie lange bleibt er?	Ich weiß nicht, ...
Was hat er gesagt?	Ich weiß nicht, ...
Wo bleiben sie denn?	Ich weiß nicht, ...

5 **Wiederholen Sie die Übung. Beginnen Sie „Wann er kommt, weiß ich nicht".** **T 5**

6 **Bilden Sie Fragen und Antworten:**

Weißt du,	wer	das ist?	Ja,	ich weiß, ...
Wissen Sie,	was		Nein,	ich weiß nicht, ...
Können Sie mir sagen,	wo			ich kann nicht sagen, . . .
	ob	er kommt?		. . . .
	wann			. . . .
	woher			

Wo ist Herr Müller?	– Ich weiß nicht, **wo** er ist.
Ist er verreist?	– Ich weiß nicht, **ob** er verreist ist.
	Ich weiß nur, **daß** er nicht da ist.

7 daß – ob – wann – wer – wo – usw. :

1. Wo ist der Chef? – Ich weiß nicht, ... er ist, ich weiß auch nicht, ... er überhaupt hier ist, ich weiß nur, ... er schon um 9 Uhr hier sein wollte. 2. Wer ist denn das? – Ich weiß nicht, ... das ist, ich weiß auch nicht, ... er wohnt und . . . . . er verheiratet ist, ich weiß nur, ... er bei uns arbeitet. 3. Kennst du die Dame? – Nein, ich weiß nicht, ... sie ist, ich weiß auch nicht, ... sie von hier ist, ich bin aber sicher, ... ich sie schon einmal gesehen habe. 4. Was ist denn mit Stefan los? – Ich weiß nur, ... er sich verletzt hat, und . . . . . er mit seiner Mutter zum Arzt gefahren ist. Ich weiß aber nicht, ... der Fuß gebrochen ist oder nicht, und . . . . . er schon wieder zu Haus ist. 5. Was haben Sie denn, sind Sie krank? – Ich weiß nicht, ... ich habe. Ich weiß auch nicht, ... ich krank bin. Ich weiß nur, ... ich starke Kopfschmerzen habe, aber ich bin nicht sicher, ... ich Fieber habe.

8 Sie haben etwas vor, z. B. eine Reise, wissen aber noch nicht, ob alles klappt.

Bitte antworten Sie:

1. Hoffentlich klappt das.   Ich weiß noch nicht, ob . . . .

2. Hoffentlich geht das gut.   . . . . , ...

3. Hoffentlich haben Sie Zeit.   . . . . , ...

4. Hoffentlich können Sie fahren.   . . . . , ...

5. Hoffentlich holt man Sie ab.   . . . . , ...

9 Einige Zeit später sind Sie sicher, daß alles klappt.

1. Es klappt also?   Ich bin sicher, daß . . . .

2. Und alles geht in Ordnung?   . . . . , ...

3. Hoffentlich passiert nichts.   . . . . , ...

4. Und Sie glauben, es gefällt Ihnen.   . . . . , ...

5. Hoffentlich wird es schön.   . . . . , ...

Männer halten Frauen für gute Autofahrer

Fünfundsechzig Prozent der Autobesitzer halten die Frauen für ebenso gute, vier Prozent für bessere Autofahrer als die Männer. Dies ist die Antwort auf die Frage, ob die Frauen besser oder schlechter Auto fahren als die Männer. Nur sechzehn Prozent der Männer glauben, daß die Frauen schlechtere Fahrer sind. Auf die Frage, ob sie glauben, daß sie gleich gut oder besser fahren als die Männer, meinten 87% der Frauen, daß sie genauso gut und mindestens ebenso sicher fahren wie die Männer. Tatsache ist, daß Männer prozentual mehr Unfälle haben als Frauen. Ob das daran liegt, daß Frauen vorsichtiger und lieber langsamer fahren, das heißt weniger riskant als die Männer, darüber gibt die Umfrage keine Auskunft. Sicher ist nur, daß Frauen nicht nur ebenso gute Autofahrer sind wie Männer, sondern auch ebenso gern Auto fahren wie sie.

10 Bitte antworten Sie:

1. Was wollte man bei der Umfrage wissen? ....
....

2. Was meinten dazu die Männer? ....
....

3. Was meinten die Frauen? ....

4. Weiß man, warum Frauen weniger Unfälle haben als Männer? ....
....

5. Halten Sie die Männer oder die Frauen für die besseren Fahrer? ....

6. Warum? ....
....

7. Wie fährt ein guter Fahrer? ....
....

8. Wie fährt ein schlechter Fahrer? ....
....
....

Das Alter

A: Na, wie geht es Ihnen denn?
B: Danke, schon besser.
   Meine Kopfschmerzen sind jetzt weg,
   aber meine Beine werden immer schwerer.
A: Ja, wir werden eben älter.
B: Da haben Sie recht.
   Wenn man alt ist,
   hat man zwar sehr viel Zeit,
   aber auch mehr Sorgen.
A: Jung sollte man bleiben,
   das wär' das beste.

11 Bitte ergänzen Sie: **T 6**

> *Beispiel 1:* Das ist gut. → Das ist besser.

1. gut 2. schön 3. schwer 4. leicht 5. alt

> *Beispiel 2:* Ist das Buch gut? → Das hier ist noch besser.

1. Ist das Buch gut? 2. Ist der Wagen schön? 3. Ist das Haus alt? 4. Ist der Koffer schwer?
5. Ist das Kleid modern?

> *Beispiel 3:* Was ist das beste? → Das da ist das beste.

1. Was ist das beste? 2. Wer ist der älteste? 3. Was ist das teuerste? 4. Welcher Koffer ist
der schwerste? 5. Welches Kleid ist das schönste?

12 Bilden Sie Fragen und Antworten:

Ist Maria so	alt	wie Anna?	Nein, sie ist . . . . als Anna.
	groß		. . . .
	hübsch		. . . .
	nett		. . . .
	freundlich		. . . .
	klug		. . . .

Wiederholen Sie die Übung. a) Antworten Sie: Nein, sie ist die ältere. usw. b) Ist Maria
älter als ihre Freundinnen? – Ja, sie ist die älteste. usw.

> Wasser ist **gut**, Tee schmeckt **besser**, Kaffee schmeckt mir **am besten**.
> Ich trinke **gern** Wasser, **lieber** noch Tee, **am liebsten** aber Kaffee.
> Er trinkt **viel** Tee, aber noch **mehr** Kaffee, **am meisten** aber Wasser.

13 Ergänzen Sie die Adjektive:

1. (gut) Carlos kommt aus Spanien. Er spricht . . . . . . Deutsch, ... als Englisch.
Am . . . . aber versteht er natürlich Spanisch. 2. (viel) Wir lesen im Unterricht
. . . . , ... als wir schreiben. Am . . . . aber hören oder sprechen wir. 3. (gern)
Trinkst du eigentlich . . . . . Tee? – Nein, ich trinke . . . . Kaffee. Am . . . .
aber trinke ich am Abend ein Glas Wein. 4. (viel) In Deutschland regnet es . . . . . ,
. . . . . als in Italien oder in der Türkei. Am . . . . aber regnet es in Skandinavien
und in Japan. 5. (gern) Geht ihr . . . . . ins Theater? – Nein, wir gehen . . . . ins
Kino. Am . . . . aber bleiben wir zu Haus und sehen fern. 6. (gut) Wie geht es
Ihnen? . . . . . oder schlecht? – Es könnte . . . . gehen. . . . . geht es
mir immer am Wochenende.

> Wie ist denn eure neue Wohnung? **So schön wie** die alte? –
> Nein, sie ist viel **schöner als** die alte.

14 Bitte antworten Sie:

1. Wie ist denn die neue Wohnung? Ist sie so groß (ruhig, gut gelegen) wie die alte? –
Nein, sie ist . . . .

2. Wie ist denn euer neues Auto? Ist es so gut (schnell, schön) wie das alte? – Nein, es ist
. . . .

3. Wie ist denn euer neuer Fernseher? Genauso groß (gut, billig) wie der alte? – Nein,
er ist . . . .

4. Wie ist denn euer neuer Lehrer (eure Lehrerin)? Ist er (sie) so nett (streng, freundlich)
wie der (die) alte? – Nein, er (sie) ist . . . .
. . . .

5. Wie ist denn der neue Chef? Ist er genauso unfreundlich (streng, oft verreist) wie der
alte? – Nein, er ist . . . .

DAK

√dAK   Deutsche Angestellten Krankenkasse

Krankenschein
für ärztliche Behandlung

MUSTER

Name und Vorname des Mitgliedes

Straße und Hausnummer

Postleitzahl und Wohnort

Unterrichten Sie bitte Ihre Bezirks-
geschäftsstelle so schnell wie möglich,
wenn Arbeitsunfähigkeit eintritt oder
endet oder die Erkrankung auf einen
Unfall zurückzuführen ist.
Der Vordruck für die Unfallmeldung
befindet sich im Scheckheft.

Geburtsdatum des Mitgliedes

Name und Anschrift des Arbeitgebers des Mitgliedes

Vorname des Angehörigen
(Ehegatte/Kind)

Geburtsdatum des Angehörigen
(Ehegatte/Kind)

Zuständige DAK-Geschäftsstelle

Ausstellungsdatum

Unterschrift des Mitgliedes

Krankenschein der DAK

Die Krankenversicherung in der Bundesrepublik Deutschland

Wer monatlich weniger als 3900 DM verdient, ist mit seiner Familie pflichtversichert
(Stand 1984). Ganz gleich, wie lange die Krankheit dauert, die Versicherung trägt die
Kosten für den Arzt, für die Medikamente und für das Krankenhaus. Wenn die Krankheit
länger als 6 Wochen dauert, zahlt sie auch Krankengeld. Der Kranke füllt einen Krankenschein aus und unterschreibt ihn. Wer nicht pflichtversichert ist, kann sich freiwillig versichern. Das größte Problem in der Krankenversicherung sind die hohen Kosten, die
immer noch weiter steigen.

Aufgaben:

1. Wer ist pflichtversichert?
2. Wie ist die Krankenversicherung in Ihrem Land?
3. Wie könnte man nach Ihrer Meinung die Kosten senken?

18 Auf dem Arbeitsamt

Herr Kraus ist arbeitslos und sucht Arbeit. Er geht zum Arbeitsamt.

Herr Kraus: Ich möchte fragen, ob Sie eine Stelle für mich haben.
Beamter: Was sind Sie von Beruf?
Herr Kraus: Ich bin gelernter Schlosser,
      habe aber zwei Jahre als Kraftfahrer gearbeitet.
Beamter: Kraftfahrer werden zur Zeit leider nicht gesucht.
      Auch für Schlosser sieht es schlecht aus.
      Füllen Sie bitte das Formular hier aus,
      dann werden Sie als Arbeitsloser registriert
      und bekommen Arbeitslosengeld.
Herr Kraus: Wann wird das Geld denn ausgezahlt?
Beamter: Der Antrag wird zuerst geprüft.
      Wenn er genehmigt ist, werden Sie benachrichtigt.
Herr Kraus: Und wie lange bekomme ich Arbeitslosengeld?
Beamter: Ein Jahr, wenn Sie nicht vorher eine neue Stelle finden.

Arbeitslos

Haben Sie Arbeit, oder sind Sie arbeitslos?
Wer arbeitslos ist,
meldet sich beim Arbeitsamt.
Dort wird er registriert.
Sein Antrag wird geprüft.
Wenn der Antrag genehmigt ist,
wird der Antragsteller benachrichtigt.
Das Arbeitslosengeld wird nicht bar
ausgezahlt, sondern überwiesen.

Die Umschulung

A: Warum werden Sie umgeschult?
   Sie sind doch gelernter Schuhmacher.
B: Der Beruf hat wenig Chancen, weil
   Schuhe kaum noch repariert werden.
A: Und was wollen Sie jetzt werden?
B: Ich werde zum Mechaniker umgeschult.
   Da habe ich bessere Chancen.
A: Und wer zahlt das alles?
B: Der Kurs wird vom Arbeitsamt bezahlt.
   Zwei Jahre lang bekomme ich 80% von
   meinem früheren Lohn.*

Der Auszubildende

A: Das muß heute noch fertig werden!
B: Schon wieder Überstunden!
   Kann das nicht ein anderer machen?
A: Nein, dann machen Sie's gleich morgen.
B: Morgen habe ich Berufsschule.
   Da muß ich doch hin, oder?
A: Natürlich. Aber hier muß noch
   aufgeräumt werden.
B: Wird erledigt. Aber noch eine Frage:
   Muß das Bier immer von den Lehrlingen
   geholt werden?

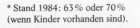

* Stand 1984: 63% oder 70%
(wenn Kinder vorhanden sind).

1 Bitte ergänzen Sie:

Beispiel 1:   gefragt   →   Er wird gefragt.

Beispiel 2:   gefragt   →   Wir werden gefragt.

---

1. gefragt 2. empfangen 3. gelobt 4. gut bezahlt 5. angerufen

---

Beispiel 3:   machen   →   Das wird gerade gemacht.

---

1. machen 2. brauchen 3. schreiben 4. bringen 5. reparieren

2 Bitte antworten Sie:

Er wird von der Sekretärin gefragt.
Von wem wird er gefragt? ....
Er wird von Herrn Hartmann empfangen.
Von wem wird er empfangen? ....
Er wird von Herrn Kraus gelobt.
Von wem wird er gelobt? ....
Er wird von Herrn H. gut bezahlt.
Von wem wird er gut bezahlt? ....
Er wird von Herrn Weber angerufen.
Von wem wird er angerufen? ....

3 Bitte ergänzen und antworten Sie. Verwenden Sie das Passiv:

Die Geschäfte öffnen um 8.
Wann...........................? ....
Das Restaurant schließt um 12.
Wann...........................? ....
Das Kino öffnet um halb 8.
Wann...........................? ....
Die Post schließt um 18 Uhr.
Wann...........................? ....
Samstags wird nicht gearbeitet.
Wann...........................? ....

4 Bilden Sie Fragen und Antworten:

Wer	macht	das?		Das wird von mir ....
	holt			von uns ....
	schreibt			von ihr ....
	bringt			von ihm ....
	erledigt			von keinem ....

> Herr Kraus stellt einen Antrag. Der Antrag **wird geprüft.**
> Sind die Briefe schon fertig? – Die Briefe **werden** gerade **geschrieben.**

5 Bitte ergänzen Sie. Verwenden Sie das Passiv:

1. Wer schreibt die Briefe?   Die Briefe ..... gerade ....
2. Wer holt die Post?   Die Post ..... sofort ....
3. Wann öffnet das Büro?   Das Büro ..... um 8 ....
4. Wer bringt den Wagen?   Der Wagen ..... gleich ....
5. Wer macht Kaffee?   Der Kaffee ..... schon ....
6. Prüfen Sie die Rechnungen?   Die .... alle noch ....
7. Wann schließen die Geschäfte?   Sie .... um 18 Uhr...............

6 Herr Kraus ist arbeitslos. Er stellt einen Antrag. Ergänzen Sie das Passiv:

1. (prüfen) Der Antrag ..... vom Arbeitsamt .... 2. (registrieren) Er ..... als Arbeitsloser .... 3. (suchen) Kraftfahrer .... zur Zeit nicht .... 4. (benachrichtigen) Dann ..... er .... 5. (umschulen) Vielleicht .... er auch .... 6. (bezahlen) Die Umschulung ..... vom Arbeitsamt .... 7. (auszahlen) Das Geld ..... nicht in bar .... 8. (überweisen) Das Arbeitslosengeld ..... auf sein Konto ....

7 Sie wollen auf eine Party, wissen aber noch nicht, ob Sie eingeladen werden.

Man fragt Sie: **Und Sie antworten:**

1. Bist du denn eingeladen?   Ich werde sicher noch ....
2. Ruft man dich noch an?   Ich ..... bestimmt noch ....
3. Erwartet man dich denn?   Ich ..... bestimmt ....
4. Holt man dich dann ab?   Ich ..... auf alle Fälle ....
5. Wird man dich auch freundlich   Ich ..... ganz bestimmt freundlich
   empfangen?   ....
6. Bringt man dich auch wieder   Ich ..... sicher mit dem Wagen wieder....
   mit dem Wagen zurück?   ....
7. Wenn du so sicher bist, warum   Weil ich immer noch nicht weiß, ob ich
   gehst du dann nicht zur Party?   wirklich.............................

A Aus einem Brief auf die Frage: „Wo arbeitest Du, und was macht Ihr in Eurer Firma?"

Ich arbeite hier in einer Maschinenfabrik. Bei uns werden Maschinen, Apparate, Werkzeuge und Werkzeugmaschinen hergestellt. Die Teile werden meistens von anderen Firmen geliefert. Bei uns werden sie bearbeitet und zusammengebaut. Ich selber arbeite in der Endmontage. Dann gehen die Apparate zum Versand. Dort werden sie verpackt und versandt. Die meisten davon werden exportiert.

B Aus einem Kochbuch: Eintopf (Pichelsteiner)

500 gr Fleisch, 500 gr Kartoffeln, versch. Gemüse, Zwiebeln und Petersilie,
Salz und Pfeffer, 50 gr Fett oder Öl, $^1/_4$ l Fleischbrühe

Man nimmt Rind-, Kalb- und Schweinefleisch. Das Fleisch wird gewaschen und in Stücke geschnitten. Die Kartoffeln werden geschält und in Würfel geschnitten. Auch das Gemüse wird gewaschen und klein geschnitten. Dann gibt man das Fleisch und die feingeschnittenen Zwiebeln in das heiße Fett. Das Gemüse und die Kartoffeln werden in Schichten darüber gelegt, das Ganze wird mit Fleischbrühe übergossen und ca. 1 Stunde gedünstet. Dann wird mit Salz, Pfeffer und Petersilie gewürzt und heiß serviert.

8 Fragen zu A:

1. Was wird in der Firma hergestellt?   . . . .

2. Was wird mit den Teilen gemacht?   . . . .

3. Was macht man im Versand?   . . . .

9 Fragen zu B:

1. Was braucht man zu einem Eintopf?   . . . .

2. Was macht man mit dem Fleisch?   . . . .

           mit den Kartoffeln?   . . . .

           mit dem Gemüse?   . . . .

3. Wie kocht man den Eintopf?   . . . .

4. Kennen Sie auch einen Eintopf?   . . . .

     Wie kocht man den?   . . . .

Nach dem Unfall

A: Was ist denn Herrn Müller passiert?
B: Wissen Sie nicht, daß er operiert wurde?
A: Warum ist er denn operiert worden?
B: Er wurde neulich von einem Auto
 angefahren und schwer verletzt.
A: Da kann er aber von Glück sagen,
 daß er noch lebt.
B: Sie haben ihn sofort
 ins Krankenhaus gebracht,
 aber er konnte schon wieder
 entlassen werden.

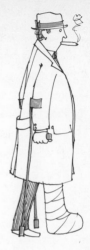

10 Bitte ergänzen Sie: **T 3**

> *Beispiel 1:* verletzt → Er wurde verletzt.

1. verletzt 2. angefahren 3. ins Krankenhaus gebracht 4. operiert 5. entlassen

> *Beispiel 2:* gefragt → Er wurde gefragt.

1. gefragt 2. empfangen 3. gelobt 4. gut bezahlt 5. angerufen

11 Bitte antworten Sie: **T 4**

Ist er angefahren worden?   Ja, er wurde ....

Ist er verletzt worden?   Ja,................................

Ist er ins Krankenhaus gebracht worden?   Ja,................................

Ist er operiert worden?   Ja,................................

Ist er entlassen worden?   Ja,................................

12 Bitte ergänzen Sie: **T 5**

Er mußte operiert werden.   Das sollte gemacht werden.

... konnte .... mußte..........................

.... entlassen..............   .... repariert..............

Sie .... konnte ....

... wollte .... bezahlt ....

Herr Müller **wurde verletzt.**	Er **ist** sofort ins Krankenhaus **gebracht worden.**
Wurde er dort **operiert?**	– Ja, er **ist** sofort **operiert worden.**

13 Bitte antworten Sie und verwenden Sie das Passiv-Perfekt:

1. Wann wurde Herr Müller operiert? – Er ist sofort ....

2. Wann wurde er ins Krankenhaus gebracht? – Er ist sofort ins Krankenhaus

.... 3. Von wem wurde er operiert? – Er ist von Dr. Berger

.... 4. Woran wurde er operiert? – Er ist am Magen

.... 5. Wann wird er wieder entlassen? – Er ist schon gestern

....

Darf man hier rauchen?	– Nein, hier **darf** nicht **geraucht werden.**

14 Bilden Sie das Passiv mit „dürfen":

1. Rauchen verboten!   Hier ..... nicht ....

2. Parken verboten!   Hier ..... nicht ....

3. Überholen verboten!   Hier ..... nicht ....

4. Rasen betreten verboten!   Der Rasen ..... nicht ....

5. Zutritt verboten!   Das Haus ..... nicht ....

15 Antworten Sie und verwenden Sie das Passiv:

1. Wo muß der Antrag gestellt werden? – Ich weiß nicht, ...

....

2. Bis wann kann der Antrag eingereicht werden? – Ich weiß nicht, ...

....

3. Hoffentlich wird der Antrag genehmigt. – Ich weiß nicht, ...

....

4. Und wann werde ich benachrichtigt? – Ich weiß nicht, ...

....

5. Wer soll das alles bezahlen? – Ich weiß auch nicht, von wem ....

....

Modernes Großraumbüro

Büroordnung vor 100 Jahren

1.

Das Perſonal muß nur noch an Wochentagen
zwiſchen 6 Uhr morgens und 6 Uhr abends anweſend ſein.
Es wird erwartet, daß alle Mitarbeiter auch Überſtunden machen,
wenn es nötig iſt.

2.

Der älteſte Angeſtellte iſt für die Sauberkeit verantwortlich.
Alle Lehrlinge melden ſich bei ihm 40 Minuten vor Arbeitsbeginn
und bleiben auch nach Büroſchluß zum Saubermachen.

3.

Im Büro darf nicht geſprochen werden. Eſſen iſt zwiſchen 11.30 Uhr und 12 Uhr erlaubt,
aber die Arbeit darf nicht unterbrochen werden.

4.

Kranke erhalten keinen Lohn. Ferien gibt es nur in dringenden Fällen.
Lohn wird für dieſe Zeit nicht gezahlt.

Aufgaben:

Vergleichen Sie diese Büroordnung mit der Praxis von heute.

1. Wie lange wurde damals und wie lange wird heute gearbeitet?
2. Wie war es damals und wie ist es heute mit den Überstunden?
3. Was mußten die Lehrlinge machen? Ist es heute anders?
4. Was bedeutete Krankheit für einen Angestellten? Wie ist es heute?

19 Eine Einladung

Herr Hartmann, der gerade von einer Reise zurückgekommen ist, unterhält sich mit seiner Frau.

Herr Hartmann: Ich möchte gern Herrn Weber einladen, der
ja nächste Woche nach Argentinien fährt.
Frau Hartmann: Wir sollten noch einige Gäste dazu einladen,
die Herrn Weber kennen
und mit denen er zusammengearbeitet hat.
Herr Hartmann: Herrn Meier auf jeden Fall, und Fräulein Klein,
die auch persönlich mit ihm befreundet ist.
Frau Hartmann: Es gibt sicher auch noch andere,
von denen Herr Weber sich verabschieden möchte.
Herr Hartmann: Da hast du recht. Ich frage ihn,
wen wir noch einladen sollen.
Frau Hartmann: Und was ist mit Herrn Gonzales? Der ist doch hier.
Herr Hartmann: Herr Gonzales, mit dem Herr Weber in Südamerika
zusammenarbeiten wird, hat schon zugesagt.

Wer ist das?

A: Wer ist der Herr dort?
B: Welcher Herr?
A: Der Herr, der am Fenster steht.
B: Der Herr am Fenster ist Herr Weber.
A: Und wer ist die Dame?
B: Welche Dame?
A: Die Dame, mit der er spricht.
B: Die Dame, die mit ihm spricht,
ist Fräulein Klein.

Darf ich bekanntmachen?

A: Wer ist denn der Herr,
mit dem Herr Hartmann spricht?
B: Das ist Herr Gonzales aus Südamerika.
A: Können Sie mich mit ihm bekanntmachen?
B: Kommen Sie, ich stelle Sie vor. –
Guten Abend, Herr Gonzales, darf ich
Ihnen meinen Kollegen vorstellen?
Herr Meier – Herr Gonzales.
G: Sehr angenehm!
A: Ich freue mich, Sie kennenzulernen.

Wie findest du den?

A: Wie findest du Herrn Werner?
B: Wer ist das?
A: Der Herr, der gestern neben dir saß.
B: Den finde ich ganz nett.
Ist der nicht Ausländer?
A: Nein, der Herr, der dir gegenüber saß,
war Ausländer.
B: Und wie findest du die junge Dame,
mit der du zuerst getanzt hast?
A: Ich fand sie sehr charmant,
aber warum interessiert dich das?

1 **Bitte ergänzen Sie:**

> *Beispiel 1:* Welcher Herr? → Der da.

1. Welcher Herr? 2. Welches Auto? 3. Welche Tasche? 4. Welcher Koffer? 5. Welche Zeitungen? 6. Welches Kleid? 7. Welcher Wagen? 8. Welche Zeitung? 9. Welcher Apparat? 10. Welches Haus?

> *Beispiel 2:* Welchen Brief? → Den hier.

1. Brief 2. Foto 3. Wagen 4. Zeitung 5. Apparat

> *Beispiel 3:* Mit welchem Wagen? → Mit dem da.

1. Mit welchem Wagen? 2. Aus welcher Tasche? 3. An welchem Tisch? 4. In welchem Buch? 5. In welcher Straße?

2 **Bitte ergänzen Sie:**

Dort kommt der Bus,   Das ist der Bus,
der hält hier,   der hier hält,
der fährt zum Bahnhof, ...
mit dem können wir fahren, ...
in den müssen wir einsteigen, ...
der hält überall.   ....

3 **Wiederholen Sie die Übung. Beginnen Sie „Das ist die Straßenbahn, die...".**

4 **Bitte ergänzen Sie:**

Der Herr dort: Das ist der Herr,

bei dem wohne ich,   bei dem ich wohne,

mit dem habe ich gesprochen, ...

mit dem arbeite ich zusammen, ...

auf den habe ich gewartet, ...

mit dem können wir fahren.   ....

Ich suche ein Buch.   Ist das das Buch, das Sie suchen?

Ich suche einen Brief.   Ist das der Brief, ...?

Ich suche meine Tasche.   ....,.........................?

Ich suche das Telegramm.   ....,.........................?

Ich suche meinen Schlüssel.   ....,.........................?

Ich suche meine Papiere.   ....,.........................?

Wer ist der Herr? – Welcher Herr?	– Der Herr, **der** gerade hier war.
	– Der Herr, **den** Sie gerade gegrüßt haben.
Wo ist das Buch? – Welches Buch?	– Das Buch, **das** ich dir geliehen habe.
Wer ist die Frau? – Welche Frau?	– Die Frau, **die** gerade angerufen hat.
Wer sind die Leute? – Welche Leute?	– Die Leute, **die** uns eingeladen haben.
	– Die Leute, **bei denen** wir eingeladen waren.

5   Bitte ergänzen Sie:

Wie heißt	der Herr,	. . . . . gerade gegangen ist?
	das Mädchen,	. . . . . neu in unsere Klasse kam?
	die Frau,	. . . . . gerade angerufen hat?
Wie heißen	die Leute,	. . . . . uns eingeladen haben?

Kennst du	den Kollegen,	mit	. . . . . ich gesprochen habe?
	das Land,	aus	. . . . . ich komme?
	die Fabrik,	in	. . . . . ich arbeite?
	die Leute,	bei	. . . . ich früher gewohnt habe?

6   Bitte ergänzen Sie:

1. Wer ist der Herr, ... gerade hier war? 2. Wer ist die Dame, ... mit dir gesprochen hat? 3. Wo hast du das Buch, ... ich dir geliehen habe? 4. Wie heißen die Leute, ... uns für morgen eingeladen haben? 5. Ist das der Koffer, ... du dir gekauft hast? 6. Wieviel kostet das Auto, ... du mir gezeigt hast? 7. Was macht die Kollegin, ... du mir gestern vorgestellt hast? 8. Sind das die Bücher, ... du bestellt hast? 9. Mit wem arbeitest du zusammen? – Ich arbeite mit Herrn Bauer zusammen, ... ich schon zusammen studiert habe. 10. Aus welchem Material ist das? – Aus Plastik, einem Kunststoff, ... heute fast alles gemacht wird. 11. Bei wem wohnst du? – Ich wohne bei der Familie, ... ich auch früher schon einmal gewohnt habe. 12. Mit wem fährst du dieses Jahr in Urlaub? – Ich fahre wieder mit meinen Freunden, ... ich auch im letzten Jahr im Urlaub war. 13. Wo waren Sie gestern abend? – Gestern waren wir bei Herrn und Frau Hartmann, von . . . . wir eingeladen waren. 14. Hat sich Herr Weber verabschiedet? – Ja, er hat sich von allen seinen Kollegen und Freunden verabschiedet, mit . . . . er zusammengearbeitet hat.

135

Früher und heute:

Früher wohnten nicht nur Eltern und Kinder, sondern auch Opa und Oma und manchmal auch Tante oder Onkel zusammen in einem Haus oder einer Wohnung. Die Alten, die mit zur Familie gehörten, halfen beim Waschen, Bügeln, Nähen oder beim Kochen.

Heute helfen die Waschmaschine und die Spülmaschine. Aber die Arbeit ist darum nicht weniger geworden. In den meisten Familien bleibt es Aufgabe der Frau, die Wohnung sauberzuhalten, das Essen zu kochen, die Kinder zu versorgen – und das oft nach 8 Stunden im Büro oder in der Fabrik. Früher gab es den kleinen Laden an der Ecke, in dem man in wenigen Minuten einkaufen konnte, und wo man über die Kinder, über Krankheiten und alles Mögliche sprechen konnte. Heute gibt es dafür den Supermarkt, in dem man von der Zahnpasta bis zum Fernsehapparat alles kaufen kann. Nur, es dauert alles viel länger und mit anderen reden kann man dort auch nicht mehr.

7 Bitte antworten Sie:

1. Wer gehörte früher zur Familie? ....
....

2. Wobei halfen die Alten mit? ....
....

3. Welche Maschinen werden heute ....
   verwendet? ....

4. Welche Arbeiten werden auch heute ....
   noch meistens von den Frauen gemacht? ....

5. Wodurch unterscheidet sich der ....
   Supermarkt vom Laden an der Ecke? ....

6. Wie würden Sie die Aufgaben in der Familie verteilen?
   Was wäre Aufgabe der Frauen? ....
....

   Was wäre Aufgabe der Männer? ....
....

   Was wäre Aufgabe der Kinder? ....
....

Nichts zu machen!

A: Was ist denn mit Ihnen los?
B: Ich habe nichts zu tun,
nichts zu essen, nichts zu trinken,
nichts zu rauchen, was soll ich machen?
A: Können Sie denn nicht arbeiten
oder wenigstens etwas lernen?
B: Ich habe keine Lust zu arbeiten
und auch keine Lust, etwas zu lernen.
A: Wenn das so ist, kann ich
Ihnen auch nicht helfen.
Dann ist wirklich nichts zu ändern.

8   Bitte ergänzen Sie: **T 5**

> *Beispiel 1:*   tun   →   Ich habe nichts zu tun.

1. tun 2. essen 3. trinken 4. rauchen 5. lesen

> *Beispiel 2:*   machen   →   Da ist nichts zu machen.

1. machen 2. sehen 3. ändern 4. reparieren 5. wollen

9   Bitte antworten Sie „Ich habe keine Lust...":   **T 6**

Wollen Sie arbeiten?   Ich habe keine Lust zu arbeiten.

Wollen Sie was lernen?   . . . .

Wollen Sie ins Kino gehen?   . . . .

Wollen Sie im Café sitzen?   . . . .

Wollen Sie hier bleiben?   . . . .

Wollen Sie wegfahren?   . . . .

10 Bitte ergänzen Sie: **T 7**

Ich freue mich, Sie getroffen zu haben.

. . . . , Sie gesehen . . . .

. . . . , Sie kennengelernt . . . .

. . . . , mit Ihnen gesprochen . . . .

. . . . , Ihre Bekanntschaft gemacht . . . .

> Was haben Sie vor? – Ich habe die Absicht, nach Deutschland **zu fahren**.
> Vergessen Sie nicht, warme Sachen für den Winter **mitzunehmen**!
> Ich freue mich sehr, Sie **kennengelernt zu haben**.

11 Was haben Sie vor? Bitte antworten Sie:

Ich habe	vor, die Absicht,	nach Deutschland	besuchen
		Medizin	fahren
		Deutsch	machen
		Freunde	lernen
		eine Europareise	studieren

12 Wo haben Sie Ihre Fahrkarte, Ihren Paß, Ihren Führerschein usw.?

Wo haben Sie	Ihre Ihren	Fahrkarte?	Ich habe vergessen,	sie . . . .(abgeben)
		Paß?		ihn . . . .(abholen)
		Kennkarte?		. . . .(einstecken)
		Führerschein?		. . . .(mitbringen)
		Ausweise?		. . . .(mitnehmen)

13 Sie waren eingeladen und verabschieden sich. Sie sagen:

Ich habe mich gefreut, Sie . . . . (kennenlernen)

Ich habe mich gefreut, Ihre Bekanntschaft . . . . (eine Bekanntschaft

. . . . machen)

Ich habe mich gefreut, mit Ihnen . . . . (sprechen können)

Ich habe mich gefreut, Sie hier . . . . (antreffen)

Ich würde mich freuen, Sie . . . . (wiedersehen)

14 Bitte ergänzen Sie:

1. Gehen Sie mit ins Kino? – Nein, ich habe heute keine Lust, ins Kino . . . .
2. Können Sie morgen abend zu uns kommen? – Nein, morgen ist es mir leider nicht möglich . . . . 3. Könnten Sie am Sonntag kommen? – Ja, am Sonntag hätte ich Zeit . . . . 4. Können Sie noch länger bleiben? – Nein, es ist mir unmöglich, länger . . . . 5. Wann fahren Sie zurück in Ihr Land? – Ich habe vor, in vier Wochen . . . . 6. Werden Sie dort Arbeit finden? – Ich bin sicher, dort Arbeit . . . . 7. Sie haben gut Deutsch gelernt. – Es war schwer, aber es hat auch Spaß gemacht, Deutsch . . . . 8. Wollen Sie später einmal wiederkommen? – Ja, ich hoffe, bald . . . .

Der Bundestag in Bonn

Die Bundesrepublik Deutschland

Die Bundesrepublik ist eine Föderation von Ländern, die sich 1949 zusammengeschlossen haben. Die Länder heißen (von Nord nach Süd): Schleswig-Holstein, Niedersachsen, Hessen, Nordrhein-Westfalen, Rheinland-Pfalz, Saarland, Bayern, Baden-Württemberg; Hamburg und Bremen sind Stadtstaaten, Berlin (West) hat einen Sonderstatus.

Alle 4 Jahre finden Wahlen zum Bundestag und zu den Länderparlamenten statt. Wahlberechtigt ist (wählen darf) jeder, der am Wahltag 18 Jahre alt ist, die deutsche Staatsangehörigkeit besitzt und in der Bundesrepublik wohnt. Die Wahlen sind allgemein, gleich, unmittelbar, frei und geheim. „Allgemein" heißt, jeder Bürger hat das Recht, unabhängig von der Konfession, von seiner Rasse, seiner Bildung und von seinem Geschlecht zu wählen. Die Abgeordneten werden „unmittelbar", d. h. direkt vom Volk gewählt.

Aufgaben:

1. Wie heißt die Hauptstadt der Bundesrepublik Deutschland?
2. Wie heißen die Hauptstädte der Bundesländer?
3. Wie heißen die Parteien, die im Bundestag vertreten sind?
4. Wie heißt der Bundespräsident? Wie heißt der Bundeskanzler?
5. Kennen Sie noch andere deutsche Politiker? Welche?

Sie fragen oder werden gefragt.

Bitten und danken

Bitte! – Bitte sehr! – Bitte schön!
Würden Sie bitte . . . . . ?
Wären Sie bitte so freundlich?
Darf ich Sie (darum) bitten, ... ?
Ich wäre Ihnen sehr dankbar, wenn . . .

Danke! – Danke sehr! – Danke schön!
Vielen Dank! – Besten Dank!
Haben Sie besten Dank!
Ich bin Ihnen sehr dankbar!
Ich bin Ihnen dankbar (dafür), daß . . .

Um Auskunft bitten

Bitte! – Entschuldigung! – Verzeihung!
Wo ist die . . . -Straße, das Hotel . . . ?
Wie komme ich zum Bahnhof, zum Museum?
Wo geht es hier zur Stadtmitte?
Wo gibt es hier ein Postamt?
Wo kann man hier parken, Geld wechseln?
Wie weit ist es von hier zum Flugplatz?

Gleich hier, links, rechts,
geradeaus, noch 500 Meter;
immer diese Straße entlang;
gleich um die Ecke.
Das weiß ich nicht.
Da fahren Sie am besten mit dem Bus, . . .

Auf der Suche nach einem Hotel/Restaurant

Wo ist hier ein Hotel, ein Restaurant?
Können Sie das Hotel empfehlen?
Ist es sehr teuer?
Kennen Sie ein gutes Lokal?
Wie lange ist es geöffnet?

Das kommt darauf an,
wie Sie wohnen,
was Sie essen,
wieviel Sie ausgeben wollen.
Bis ein Uhr nachts.

Beschwerden

Herr Ober!
Ich möchte mich beschweren.
Ich warte schon eine halbe Stunde.
Das Essen ist kalt (versalzen).
Das Fleisch ist ungenießbar.
Das habe ich nicht bestellt.
Die Rechnung kann nicht stimmen.

Komme gleich!
Was kann ich für Sie tun?
Das Essen kommt sofort.
Es kommt direkt aus der Küche.
Dann geben Sie es zurück.
Verzeihen Sie!
Moment mal, was haben Sie gehabt?

Am Telefon

Hallo, – hier ...
Wer ist bitte dort?
Ist dort nicht .....?
Könnte ich bitte ..... sprechen?
Wo kann ich ihn (sie) erreichen?
Ich habe Sie nicht verstanden,
können Sie das wiederholen?
Ich rufe morgen wieder an.

Mit wem spreche ich?
Hier ....
Nein, da sind Sie falsch verbunden.
..... ist leider nicht zu Haus.
Von wo aus rufen Sie an?
Ich verstehe Sie auch schlecht,
können Sie lauter sprechen?
Auf Wiederhören!

Bei einer Panne

Ich habe (wir haben) eine Panne.
Der Wagen geht nicht mehr.
Der Motor ist kaputt.
Ich muß ein Rad wechseln.
Ich habe kein Benzin mehr.

Was ist los? Sind Sie verletzt?
Was ist mit dem Wagen?
Ist was kaputt?
Was kann ich für Sie tun?
Ich habe einen Reservekanister.

An der Tankstelle

30 Liter Super!
Normalbenzin, volltanken bitte!
Können Sie die Scheiben waschen,
Wasser nachfüllen,
den Reifendruck prüfen,
das Öl nachsehen (nachfüllen)?

Volltanken?
Was möchten Sie?
Sind Öl, Wasser,
Reifendruck
in Ordnung?
Gute Fahrt!

Im Notfall

Hilfe!
Können Sie mir helfen?
Bitte holen Sie einen Arzt!
Haben Sie ein Glas Wasser, bitte?
Wo ist die Toilette?
Darf ich mal telefonieren?
Ich brauche dringend .....

Was haben Sie?
Ist Ihnen nicht gut?
Ja, sofort.
Einen Augenblick!
Erste Tür rechts.
Wählen Sie 110 (Unfall)
2222 (Erste Hilfe)
01 18 (Auskunft)

**Spielen Sie die angegebenen Situationen durch und fragen oder antworten Sie je nach Situation.
Suchen Sie auch neue Situationen.**

Grammatische Übersichten

1.1 Konjugation Präsens

Kommen Sie aus München?   – Ja, ich komme aus München.
Kommst du auch aus München?   – Nein, ich komme nicht aus München.
Kommt Herr Schmitt morgen?   – Nein, er kommt nicht.
Wir machen Urlaub in Italien.   – Macht ihr auch Urlaub?

	1.1.1	1.1.2	1.1.3
ich	komme	arbeite	fahre
du	kommst	arbeitest	fährst
er / sie / es	kommt	arbeitet	fährt
wir	kommen	arbeiten	fahren
ihr	kommt	arbeitet	fahrt
sie / Sie	kommen	arbeiten	fahren

Imperativ: (Sie-Form) Bitte kommen Sie! Antworten Sie! Lesen Sie!
(du-Form) Komm(e)! Antworte! Sprich! Lies!

Verben zu 1.1.1: diktieren, entschuldigen, erklären, fliegen, fragen, gehen, heißen, hören, kommen, leben, lernen, machen, schreiben, studieren, üben, verstehen

Verben zu 1.1.2: antworten, arbeiten

Verben zu 1.1.3: fahren (er fährt), gefallen (es gefällt), lesen (er liest), sprechen (er spricht)

1.2 Lage – Richtung

1.2.1	⊙	**Wo** wohnen Sie? – **In** München. (*Lage*)
1.2.2	⎯⎯→●	**Wohin** fahren Sie? – **Nach** Köln. (*Richtung*)
1.2.3	●⎯⎯→	**Woher** kommen Sie? – **Aus** Hamburg. (*Richtung*)

Verben zu 1.2.1: arbeiten, leben, lernen, studieren, wohnen

Verben zu 1.2.2: gehen, fahren, fliegen

Verben zu 1.2.3: kommen

1.3 Der Satz

1.3.1 Satz und Satzglieder

Nominativ (Subjekt)	Prädikat	Angaben		Ergänzung
Herr Schmitt	fährt	morgen	(nicht)	nach Bonn.
Nomen	Verb	Adverb	Partikel	Präpos. + Nomen

Fragen: **Wer** fährt? → Herr Schmitt.
Wohin fährt er? → Nach Bonn.
Wann fährt er? → Morgen.
Fährt er nach Bonn? → Ja (Nein), er fährt (nicht).

1.3.2 Stellung der Satzglieder

0	1	2	3	4
	Wohin	fährt	Herr S.?	
	Herr S.	fährt	heute	nach München.
	Morgen	fährt	er	nach Italien.
	Fahren	Sie	morgen	nach Italien?
Nein,	wir	fahren	nicht	nach Italien.

2.1 Die Verben „sein, heißen, werden"

Wer ist das? – Das **ist** Fräulein Müller. Sie **heißt** Monika Müller.
Was ist sie? – Sie **ist** Studentin. Sie **wird** Lehrerin.

	heißen	*sein*	*werden*
ich	heiße	**bin**	werde
du	heißt	**bist**	**wirst**
er/sie/es	heißt	**ist**	**wird**
wir	heißen	**sind**	werden
ihr	heißt	**seid**	werdet
sie/Sie	heißen	**sind**	werden

2.2 Das Verb „sein" und seine Ergänzungen

Nominativ	Verb	Ergänzungen	
Ich	bin	da.	(*Adverb*)
Sie	ist	jung.	(*Adjektiv*)
Herr Hartmann	ist	verreist.	(*Partizip*)
Wir	sind	Studenten.	(*Nomen – Nominativ*)

2.3   Der unbestimmte Artikel: ein/kein

	maskulin	neutral	feminin	Plural
positiv:	**ein** Mann	**ein** Kind	**eine** Frau	Frauen
negativ:	**kein** Mann	**kein** Kind	**keine** Frau	**keine** Frauen

2.4   Das Possessivpronomen

Das ist Herr Hartmann. Hier ist **sein** Büro.
Fräulein Klein ist **seine** Sekretärin.
Das ist Fräulein Klein. Das ist **ihr** Büro.
Hier sind **ihre** Briefe.

	ich	du	er	sie	wir	ihr	sie/Sie
maskulin/neutral:	mein	dein	sein	ihr	unser	euer	ihr/Ihr
feminin/Plural:	meine	deine	seine	ihre	uns(e)re	eure	ihre/Ihre

3.1   Die Zahlen

1 eins	11 elf	21 einundzwanzig	10 zehn
2 zwei	12 zwölf	22 zweiundzwanzig	20 zwanzig
3 drei	13 dreizehn	23 dreiundzwanzig	30 dreißig
4 vier	14 vierzehn	24 vierundzwanzig	40 vierzig
5 fünf	15 fünfzehn	25 fünfundzwanzig	50 fünfzig
6 sechs	16 sechzehn	26 sechsundzwanzig	60 sechzig
7 sieben	17 siebzehn	27 siebenundzwanzig	70 siebzig
8 acht	18 achtzehn	28 achtundzwanzig	80 achtzig
9 neun	19 neunzehn	29 neunundzwanzig	90 neunzig
10 zehn	20 zwanzig	30 dreißig	100 hundert
0 null	100 (ein)hundert	1000 (ein)tausend	1 000 000 eine Million

3.2   Die Grundrechnungsarten

Addition	Subtraktion	Multiplikation	Division
3 + 4 = 7	12 − 4 = 8	3 · 3 = 9	15 : 3 = 5
3 plus 4 ist 7	12 minus 4 ist 8	3 mal 3 ist 9	15 durch 3 ist 5

3.3

Die Uhrzeiten

offiziell	*inoffiziell*
13.00 Uhr	ein Uhr
1.10 Uhr	zehn **nach** eins
13.25 Uhr	fünf **vor** halb zwei
19.40 Uhr	zehn **nach** halb acht
	oder: zwanzig **vor** acht
11.30 Uhr	**halb** zwölf
17.15 Uhr	Viertel **nach** fünf
9.45 Uhr	Viertel **vor** zehn

3.4 Artikel und Pluralendungen

Singular:	**der** Mann	**das** Kind	**die** Frau	
Plural:	**die** Männer	**die** Kinder	**die** Frauen	**die** Leute

maskulin	–,¨er	der Mann,¨**er**; *aber:* der Kaufmann, die Kaufleute
	–,e	der Tag,**e**; der Abend,**e**; der Apparat,**e**; der Gewinn,**e**; der Schein,**e**; der Schuh,**e**; der Verlust,**e**
	–,–	der Wagen,**–**
	er,–	der Lehrer,**–**; der Engländer,**–**; der Italiener,**–**; der Schalter,**–**
	–,en	der Herr,**en**; der Mensch,**en**; der Student,**en**
	e,n	der Deutsche,**n**; der Pole,**n**; der Türke,**n**; der Franzose,**n**
	or,en	der Motor,**en**; der Professor,**en**; der Direktor,**en**
neutral	–,¨er	das Buch, ¨**er**;das Haus,¨**er**; das Kind,**er**
	–,e	das Jahr,**e**; das Geschäft,**e**; das Heft,**e**
	lein,–	das (!) Fräulein,**–** ⎫
	chen,–	das (!) Mädchen,**–** ⎬ *Diminutive*
	–,s	das Auto,**s**; das Büro,**s**; das Taxi,**s**; das Hotel,**s** (*auch:* der Chef,**s**; die Party,**s** *u.a. Fremdwörter*)
feminin	–,en	die Frau,**en**; die Uhr,**en**
	e,n	die Frage,**n**; die Briefmarke,**n**; die Maschine,**n**
	–,¨e	die Nacht, ¨**e** die Stadt, ¨**e**
	ung,en	die Übung,**en**; die Rechnung,**en**; die Zeitung,**en**

4.1 Präsens und Präteritum von „haben" und „sein"

Haben Sie ein Auto? – Nein, ich **hatte** ein Auto, aber es **war** sehr alt.

	Präsens	*Präteritum*	*Präsens*	*Präteritum*
ich	habe	hatte	bin	war
du	hast	hattest	bist	warst
er sie es	hat	hatte	ist	war
wir	haben	hatten	sind	waren
ihr	habt	hattet	seid	wart
sie Sie	haben	hatten	sind	waren

4.2 Das Verb „haben" und seine Ergänzungen

Nominativ	*Verb*	*Ergänzungen*	
Ich	habe	frei.	(*Adjektiv*)
Er	hat	Zeit.	(*Nomen-Akkusativ*)
Herr Hartmann	hat	ein Haus.	(*Artikel + Nomen-Akkusativ*)
Wir	haben	keinen Wagen.	(*negativer Artikel + Nomen-Akk.*)

4.3 Unbestimmter Artikel und unbestimmtes Pronomen im Akkusativ

Hast du ein Buch?	– Ja, ich habe **eins**./Nein, ich habe **keins**.
Hast du eine Uhr?	– Ja, ich habe **eine**./Nein, ich habe **keine**.
Habt ihr einen Wagen?	– Ja, wir haben **einen**./Nein, wir haben **keinen**.

Ebenso: Hast du meinen Füller? – Ja, ich habe **deinen**./Nein, ich habe **meinen**. *usw.*

4.4 Entscheidungsfragen: ja – nein – doch

Haben Sie Gepäck?	→ **Ja,**	ich habe einen Koffer und eine Tasche.
Habe ich Post?	→ **Ja,**	Sie haben zwei Briefe und ein Telegramm.
	→ **Nein,**	Sie haben keine.
Haben Sie kein Telefon?	→ **Doch,**	wir haben eins.

5.1   **Das ABC**

A	B(e)	C(e)	D(e)	E	(e)F	G(e)	H(a)	I	J(ot)
a	b	c	d	e	f	g	h	i	j

K(a)	(e)L	(e)M	(e)N	O	P(e)	Q(u)	(e)R	(e)S
k	l	m	n	o	p	q	r	s

T(e)	U	V(au)	W(e)	(i)X	Y(psilon)	Z(et)
t	u	v	w	x	y	z

6.1   **Der Akkusativ**

6.1.1   **Artikel und Possessivpronomen im Akkusativ**

Hier sind der Paß und das Visum. – Sie brauchen **den** Paß und **das** Visum.
Hier ist Ihre Flugkarte. – Nehmen Sie bitte **die** Flugkarte!
Wo sind die Fotos? – **Die** Fotos bringe ich morgen mit.
Hast du **keinen** Füller? – Doch, ich habe **einen**, aber nicht **deinen**.

Nominativ: (wer/was?)	der	das	die	die
Akkusativ: (**wen**/was?)	**den**	das	die	die
	einen	ein	eine	
	keinen	kein	keine	keine
	meinen	mein	meine	meine *usw.*

6.1.2   **Sätze mit Akkusativ**

Nominativ	*Verb*		*Akk.-Ergänzungen*
Ich	brauche	heute	**den** Paß.
Ich	habe	noch	kein Visum.
Wir	kaufen	morgen	die Flugkarte.

6.1.3   **Personalpronomen im Akkusativ**

Lesen Sie den Vertrag?   – Ja, ich lese **ihn** zu Haus.
Brauchen Sie das Auto?   – Ja, ich brauche **es**.
Wo bekomme ich die Flugkarte? – Sie bekommen **sie** hier im Büro.
Haben Sie die Fotos?   – Nein, ich bringe **sie** morgen.
Haben Sie Zeit?   Besuchen Sie **uns** doch mal!

Nominativ:	ich	du	er	sie	es	wir	ihr	sie/Sie
Akkusativ:	**mich**	**dich**	**ihn**	sie	es	**uns**	**euch**	sie/Sie

6.2 Trennbare und untrennbare Verben

6.2.1 Trennbare Verben

Füllen Sie das Formular **aus**?   – Ja, ich **fülle** es sofort **aus**.
Bringen Sie morgen die Fotos **mit**? – Ja, ich **bringe** sie morgen **mit**.

6.2.2 Untrennbare Verben

Bitte **erklären** Sie das noch einmal, ich **verstehe** das nicht.
Besorgen Sie das Visum? – Ja, **unterschreiben** Sie bitte den Antrag!

Verben zu 6.2.1: anrufen, ausfüllen, einkaufen, mitfahren, mitbringen,
mitnehmen, weggehen, zurückkommen
Verben zu 6.2.2: bekommen, besorgen, bestellen, erklären, vergessen,
verstehen, unterschreiben, wiederholen

6.3 „wissen" + indirekter Fragesatz

Wo ist der Vertrag?   – Ich weiß | es | nicht.

                            → Ich weiß   nicht, | wo er **ist.**
Wer ist das?   → Ich weiß   nicht, | wer das **ist.**
Wann kommt Maria?   → Ich weiß   nicht, | wann sie **kommt.**

7.1 Modalverben

Konjugation Präsens

Ich **will** ins Kino gehen.   Wir **wollen** auch ins Kino gehen.
Ich **kann** euch anrufen.   Wir **können** euch auch anrufen.
Ich **muß** noch arbeiten.   Wir **müssen** auch noch arbeiten.
Ich **soll** hier warten.   Wir **sollen** hier auch warten.
Darf ich Sie einladen?   **Dürfen** wir Sie auch einladen?

	*wollen**	*können*	*müssen*	*sollen*	*dürfen*
ich	**will**	**kann**	**muß**	soll	**darf**
du	**willst**	**kannst**	**mußt**	sollst	**darfst**
er/sie/es	**will**	**kann**	**muß**	soll	**darf**
wir	wollen	können	müssen	sollen	dürfen
ihr	wollt	könnt	müßt	sollt	dürft
sie/Sie	wollen	können	müssen	sollen	dürfen

höflich: ich möchte, du möchtest, er/sie möchte,
wir möchten, ihr möchtet, sie/Sie möchten

7.2 „werden" + Infinitiv (Vermutung, Futur)

Wie wird wohl das Wetter?   – Es **wird** wohl **regnen.**

Wird er noch anrufen?   – Er **wird** bestimmt noch **anrufen.**

7.3 Sätze mit Modalverb + Infinitiv

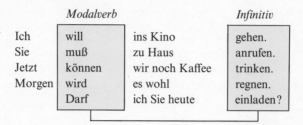

	Modalverb		*Infinitiv*
Ich	will	ins Kino	gehen.
Sie	muß	zu Haus	anrufen.
Jetzt	können	wir noch Kaffee	trinken.
Morgen	wird	es wohl	regnen.
	Darf	ich Sie heute	einladen?

8.1 Die Wortstellung im Hauptsatz

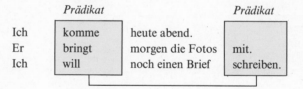

	Prädikat		*Prädikat*
Ich	komme	heute abend.	
Er	bringt	morgen die Fotos	mit.
Ich	will	noch einen Brief	schreiben.

8.2 Die Wortstellung im Nebensatz

		Konjunktion		*Prädikat*
Wann kommst du?		Wenn	ich Zeit	habe.
Fährt sie mit?	Ja,	wenn	du auch	mitfährst.
Warum kommt er nicht?		Weil	er noch	arbeiten muß.

8.3 Die Stellung von Haupt- und Nebensatz

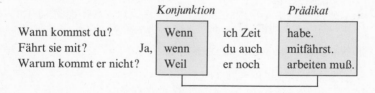

Bitte reparieren Sie den Wagen, wenn es möglich ist.

Wenn alles klappt, bekommen Sie den Wagen Freitag abend.

Er kommt heute nicht, weil er noch arbeiten muß.

Weil er noch arbeiten muß, kommt er erst morgen.

9.1 Der Dativ

9.1.1 Artikel und Possessivpronomen im Dativ

Rauchen schadet **dem** Raucher, **der** Gesundheit, **den** Nichtrauchern.
Es nützt **dem** Handel, **der** Werbung, **den** Firmen.
Wem gehört das Buch? **Einer** Studentin? – Nein, **meinem** Freund.

	maskulin	*neutral*	*feminin*	*Plural*
Nominativ:	der Mann	das Kind	die Frau	die Leute
Akkusativ:	den Mann	das Kind	die Frau	die Leute
Dativ:	**dem** Mann	**dem** Kind	**der** Frau	**den** Leuten
	einem Mann	**einem** Kind	**einer** Frau	Leuten
	meinem Mann	**meinem** Kind	**meiner** Frau	**meinen** Leuten

9.1.2 Personalpronomen im Dativ

Ich frage ihn, aber er antwortet **mir** nicht.
Gratulierst du **ihr**? – Nein, ich kenne sie nicht.
Erklären Sie **uns** das bitte? – Ja, ich erkläre es **Ihnen**.

Nominativ:	ich	du	er	sie	es	wir	ihr	sie/Sie
Akkusativ:	mich	dich	ihn	sie	es	uns	euch	sie/Sie
Dativ:	**mir**	**dir**	**ihm**	**ihr**	**ihm**	**uns**	**euch**	**ihnen/Ihnen**

9.1.3 Rektion der Verben

🎋 *Verben mit Dativ: jemandem* antworten, danken, gefallen, gehören, gratulieren, helfen, nützen, raten, schaden

🎋 *Verben mit Dativ und Akkusativ: jemandem etwas* anbieten, geben, leihen, sagen, schenken, schreiben, verkaufen, wünschen, zeigen

9.2 Nominativ, Akkusativ und Dativ im Satz

Die Lehrerin gibt dem Schüler das Heft zurück.
Sie gibt **es** ⟷ **ihm** zurück.

Frage:	*Nominativ*	*Dativ*	*Akkusativ*
Was geben Sie Ihrem Freund?	Ich gebe	**meinem** Freund	**eine** Zigarette.
	Ich gebe	**ihm**	**die** Zigarette.
Frage:	*Nominativ*	*Akkusativ*	*Dativ*
Wem geben Sie die Zigarette?	Ich gebe	**die** Zigarette	**meinem** Freund.
	Ich gebe	**sie**	**ihm.**

9.3 Das Reflexivpronomen

Wir treffen **uns** heute, Monika und Klaus treffen **sich** morgen.
Sie wünscht **sich** ein Buch. Was wünschst du **dir**?

	ich	*du*	*er, sie, es*	*wir*	*ihr*	*sie/Sie*
Akkusativ:	mich	dich	**sich**	uns	euch	**sich**
Dativ:	mir	dir	**sich**	uns	euch	**sich**

9.3.1 Verben mit Reflexivpronomen im Akkusativ:

sich anmelden, sich entschuldigen, sich freuen, sich interessieren, sich setzen,
sich wiederholen

meist im Plural (reziprok) gebrauchte Verben mit Reflexivpronomen:
sich anrufen, sich kennen, sich küssen, sich lieben, sich streiten, sich treffen,
sich unterhalten, sich verstehen, sich wiedersehen

9.3.2 Verben mit Reflexivpronomen im Dativ:

sich etwas bestellen, sich etwas denken, sich etwas kaufen, sich etwas wünschen,
sich schaden, sich nützen

10.0 Wortbildungen

10.1 Nomen

10.1.1 *Nomen + Nomen:* (das) Auto + die Bahn = **die Autobahn**
der Bahnhof, der Geldschein,
der Fotoapparat, das Postamt,
die Straßenbahn *usw.*

10.1.2 *Verb + Nomen:* fahr(en) + die Karte = **die Fahrkarte**
der Fahrstuhl, das Parkhaus,
die Tankstelle, das Schließfach,
der Waschraum *usw.*

10.1.3 *Adjektiv + Nomen:* groß + die Stadt = **die Großstadt**
das Kleingeld, die Kleinstadt,
(das) Warmwasser *usw.*

10.1.4 *Präposition + Nomen:* vor + die Fahrt = **die Vorfahrt**
der Ausflug, das Ausland,
die Ausfahrt (*aber:* die Einfahrt!)
der Absender *usw.*

10.2	**Adjektive**

10.2.1 dank**bar**, bil**lig**, freund**lich**, arbeits**los**

10.2.2 un- + *Adjektiv:* **un**freundlich, **un**höflich, **un**zufrieden
    aber: nicht alt (jung), nicht groß (klein), nicht teuer (billig) *usw.*

10.3	**Verben**

10.3.1 *Präfix + Verb:* mit + fahren = **mitfahren**
    auf + machen = **aufmachen**
    ankommen, aufschreiben, mitarbeiten,
    weggehen, weitermachen, zurückkommen *usw.*

10.3.2 *Verb + Verb:* kennen + lernen = **kennenlernen**

11.1 **Präpositionen mit Akkusativ (durch, für, ohne, um)**

Ich danke Ihnen **für die** Einladung
    für den Brief
    für das Telegramm.

Gehen Sie hier rechts **um das** Haus, **durch den** Park, dann kommen Sie hier **ohne Ihren** Wagen zum Hotel.

11.2 **Präpositionen mit Dativ (aus, bei, mit, nach, von, zu)**

Frau Schulz ist **bei** Frau Hartmann.
Nach dem Kaffee fährt sie **mit** ihr zur Stadtmitte.
Sie fahren **mit dem** Wagen **zum** Rathaus.
Ihre Tochter kommt um 5 **aus dem** Büro.
Frau Schulz holt sie **vom** Büro ab.
Beachten Sie: bei dem = beim, zu dem = zum, zu der = zur, von dem = vom

11.3 **Fragepronomen und Pronominaladverbien**

Mit wem fährt Frau Hartmann?   Sie fährt **mit** Frau Schulz.

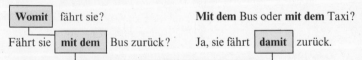

| **Womit** | fährt sie? | | **Mit dem** Bus oder **mit dem** Taxi? |

Fährt sie **mit dem** Bus zurück?   Ja, sie fährt **damit** zurück.

Fragepronomen: **wo** + *Präposition*
Pronominaladverb: **da** + *Präposition*
Wofür? → dafür; womit? → damit; wovon → davon; wozu → dazu

12.1 Perfekt mit „haben"

12.1.1

Schwache	a) Er	hat	eine Fahrkarte	ge – kauf – t.
Verben:	b) und	hat	eine Platzkarte	be – stell – t.
	c) Dann	hat	er sie zu Haus	ab – ge – hol – t.
	d) Sie	hat		telefonier – t.

a) brauchen, danken, dauern, fragen, (sich) freuen, grüßen, glauben, haben, hören, holen, kosten, kaufen, lieben, lernen, loben, machen, regnen, (sich) setzen, sagen, sollen, suchen, schicken, schenken, packen, stellen, üben, wohnen, wollen, zahlen, zählen, zeigen

b) bestellen, erklären, überqueren, verkaufen, (sich) entschuldigen, gehören, versuchen, wiederholen

c) abholen, einkaufen, hinlegen, ausmachen, zusammenzählen

d) diktieren, gratulieren, reparieren, telefonieren, funktionieren

Beachten Sie: Verben auf **-t** und **-d** haben im Partizip Perfekt die Endung **-et**: antworten/geantwort**et**; arbeiten/gearbeit**et**; anmelden/angemeld**et**.

12.1.2

Starke	a) Er	hat	ihr die Fahrkarte	ge – geb – **en**.
Verben:	b) Sie	hat	ihren Paß	ver – gess – **en**.
	c) Sie	hat	ihren Mantel	an – ge – zog – **en**.

a) essen/gegessen, helfen/geholfen, liegen/gelegen, sehen/gesehen, finden/gefunden, halten/gehalten, nehmen/genommen, schreiben/geschrieben, geben/gegeben, lesen/gelesen, sitzen/gesessen, tun/getan

b) bekommen/bekommen, (sich) unterhalten/unterhalten, verstehen/verstanden

c) anrufen/angerufen, ansehen/angesehen, anziehen/angezogen

12.1.3

Unregelmäßige	Er	hat	die Koffer zum Wagen	ge – brach – **t**.
Verben:	Sie	hat	an das Visum	ge – dach – **t**.

bringen/gebracht, dürfen/gedurft, können/gekonnt, wissen/gewußt, denken/gedacht, kennen/gekannt, müssen/gemußt

12.2 Perfekt mit „sein"

a) Wir	sind	ins Kino	ge – gang – en.
b) Herr Schmitt	ist	gestern abend	weg – ge – fahr – en.

a) bleiben/ist geblieben, fahren/ist gefahren, fliegen/ist geflogen, steigen/ist gestiegen, werden/ist geworden, gehen/ist gegangen, kommen/ist gekommen, sein/ist gewesen

b) spazierengehen/ist spazierengegangen, zurückkommen/ist zurückgekommen

13.1 Präpositionen mit Akkusativ oder Dativ

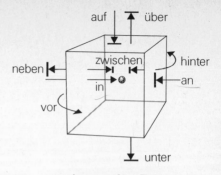

13.1.1

„in, an, auf" + Akkusativ

Wohin wollen Sie sich setzen?
– **ans** Fenster,
– **in die** Ecke,
– **auf die** Terrasse?

Wohin? (*Richtung*)
ins Büro, **ins** Kino, **in die** Schule;
an den Tisch, **an die** Wand, **an den** Apparat; **auf den** Berg, **aufs** Postamt

„in, an, auf" + Dativ

Wo ist ein Tisch frei?
– **am** Fenster,
– **in der** Ecke,
– **auf der** Terrasse?

Wo? (*Lage*)
im Büro, **im** Hotel, **in der** Schule;
am Tisch, **an der** Wand, **am** Apparat;
auf dem Berg, **auf dem** Postamt

Beachten Sie: in das = ins; an das = ans; an dem = am; in dem = im

13.1.2 stellen/stehen – legen/liegen – setzen/sitzen – hängen/hängen

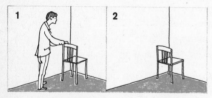

1. Er **stellt** den Stuhl **in die** Ecke.
2. Der Stuhl **steht in der** Ecke.

3. Er **legt** das Buch **auf den** Tisch.
4. Das Buch **liegt auf dem** Tisch.

Ebenso: Er **setzt** sich **an den** Tisch.
Er **sitzt am** Tisch.

Sie **hängt** das Bild **an die** Wand.
Das Bild **hängt an der** Wand.

13.2 hin – her

Ich gehe (zu ihm) **hin**aus,
hinauf,
hinein,
hinüber.

Er kommt (zu mir) **her**aus,
herauf,
herein,
herüber.

Beachten Sie die Kurzformen: Komm **rein, rauf, raus, rüber!**

14.1   Das attributive Adjektiv

14.1.1   Adjektive mit dem bestimmten Artikel

Der Anzug ist blau.   Das ist der blaue Anzug.
Das Kleid ist neu.   Das ist das neue Kleid.
Die Bluse ist hübsch.   Das ist die hübsche Bluse.

Singular	maskulin	neutral	feminin
Nominativ:	der blau-e Anzug	das neu-e Kleid	die hübsch-e Bluse
Akkusativ:	den blau-en Anzug	das neu-e Kleid	die hübsch-e Bluse
Dativ:	(mit) dem blau-en Anzug	dem neu-en Kleid	der hübsch-en Bluse
Plural			
Nominativ/Akkusativ:	die neu-en Sachen		
Dativ:	(mit) den neu-en Sachen		

14.1.2   Adjektive mit dem unbestimmten Artikel

Hier sind ein blauer Anzug, ein neues Kleid, eine hübsche Bluse.
Möchten Sie einen blauen Anzug, ein neues Kleid, eine hübsche Bluse?

Possessiv auch

Singular	maskulin	neutral	feminin
Nominativ:	ein blau-er Anzug	ein neu-es Kleid	eine hübsch-e Bluse
Akkusativ:	einen blau-en Anzug	ein neu-es Kleid	eine hübsch-e Bluse
Dativ:	(mit) einem blau-en Anzug	einem neu-en Kleid	einer hübsch-en Bluse
Plural			
Nominativ/Akkusativ:	keine neu-en Sachen		
Dativ:	(mit) keinen neu-en Sachen		

14.1.3   Adjektive ohne Artikel

Was trinken Sie: Schwarzen oder braunen Kaffee, helles oder dunkles Bier,
warme oder kalte Milch? – Nur schwarzen Tee!

Singular	maskulin	neutral	feminin
Nominativ:	schwarz-er Tee	hell-es Bier	kalt-e Milch
Akkusativ:	schwarz-en Tee	hell-es Bier	kalt-e Milch
Dativ:	(mit) schwarz-em Tee	hell-em Bier	kalt-er Milch
Plural			
Nominativ/Akkusativ:	kalt-e Getränke		
Dativ:	(mit) kalt-en Getränken		

14.1.4 Das attributive Adjektiv im Komparativ *(siehe auch 17.3.2)*

Der Anzug ist mir zu dunkel.	Haben Sie keinen hell-**er-en** (Anzug)?
Das Kleid ist mir zu teuer.	Haben Sie kein billig-**er-es** (Kleid)?
Die Hose ist mir zu unmodern.	Haben Sie keine modern-**er-e** (Hose)?
Die Sachen sind mir zu teuer.	Haben Sie keine preiswert-**er-en** Sachen?
Die Sachen sind mir nicht gut genug.	Haben Sie nichts Bess-**er-es**?

15.1 Der Genitiv

Wessen Meinung ist das?

Ist das die Meinung ein**es** Mann**es**, ein**es** Kind**es**, ein**er** Frau, **von** Leuten?
Das ist die Meinung **des** Mannes, **des** Kindes, **der** Frau, **der** Leute.

	maskulin	*neutral*	*feminin*	*Plural*
Nominativ:	der Mann	das Kind	die Frau	die Leute
Akkusativ:	den Mann	das Kind	die Frau	die Leute
Dativ:	dem Mann	dem Kind	der Frau	den Leuten
Genitiv:	**des** Mannes	**des** Kindes	**der** Frau	**der** Leute

Beachten Sie: Das Wandern ist **des** Müllers Lust.

16.1 Das Präteritum

16.1.1 Konjugation der schwachen Verben

Herr Weber **hatte** es eilig.
Er woll**te** Zigaretten holen und stell**te** seinen Wagen am Straßenrand ab.
Aber er park**te** leider falsch.

a) fragen		*b) antworten*	
ich frag-**te**	wir frag-**ten**	ich antwort-**e-te**	wir antwort-**e-ten**
du frag-**test**	ihr frag-**tet**	du antwort-**e-test**	ihr antwort-**e-tet**
er frag-**te**	sie frag-**ten**	er antwort-**e-te**	sie antwort-**e-ten**

a) brauchen, danken, fragen, (sich) freuen, glauben, haben (hatte!),
   hören, kaufen, leben, lernen, machen, meinen, packen, parken, schenken,
   (sich) setzen, sorgen, stellen, üben, untersuchen, wohnen, wiederholen,
   zahlen, zählen, zeigen *und alle Verben auf -ieren:* studieren, telefonieren *usw.*

b) (sich) anmelden, antworten, arbeiten, bilden, kosten, rechnen,
   regnen, warten

16.1.2 Konjugation der starken Verben

Herr Weber **war** im Zigarettenladen. Er **kam** zurück und **fand** an seinem Wagen eine Verwarnung. Er **nahm** den Zettel, **ging** zum nächsten Polizisten und **gab** ihm den Zettel.

kommen	geben	gehen	finden	nehmen
ich kam	ich gab	ich ging	ich fand	ich nahm
du kam-st	du gab-st	du ging-st	du fand-st	du nahm-st
er kam	er gab	er ging	er fand	er nahm
wir kam-en	wir gab-en	wir ging-en	wir fand-en	wir nahm-en
ihr kam-t	ihr gab-t	ihr ging-t	ihr fand-et	ihr nahm-t
sie kam-en	sie gab-en	sie ging-en	sie fand-en	sie nahm-en

Starke Verben: anrufen – rief an, bleiben – blieb, fahren – fuhr, fliegen – flog, geben – gab, gehen – ging, halten – hielt, helfen – half, kommen – kam, liegen – lag, nehmen – nahm, sehen – sah, sein – war, sprechen – sprach, treffen – traf *usw.*

16.1.3 Konjugation der unregelmäßigen Verben

bringen/er brachte; denken/er dachte; dürfen/er durfte; kennen/er kannte; können/er konnte; müssen/er mußte; wissen/er wußte

16.2 Der Konjunktiv II (Hilfs- und Modalverben)

Was für einen Wagen **würden** Sie denn kaufen? Ich **hätte** gern einen Mercedes. Ich **wäre** auch schon mit einem Volkswagen zufrieden. Dann **könnte** ich zur Arbeit fahren und **müßte** auch am Sonntag nicht zu Haus bleiben.
Was **würden** Sie tun, wenn Sie Bürgermeister **wären**?

	sein	haben	werden	können	müssen
ich	wär-e	hätt-e	würd-e	könnt-e	müßt-e
du	wär-(e)st	hätt-est	würd-est	könnt-est	müßt-est
er	wär-e	hätt-e	würd-e	könnt-e	müßt-e
wir	wär-en	hätt-en	würd-en	könnt-en	müßt-en
ihr	wär-(e)t	hätt-et	würd-et	könnt-et	müßt-et
sie	wär-en	hätt-en	würd-en	könnt-en	müßt-en

dürfen: ich dürfte, du dürftest, er dürfte, wir dürften, ihr dürftet, sie dürften
mögen: ich möchte, du möchtest, er möchte, wir möchten, ihr möchtet, sie möchten

17.1 Nebensätze mit „ob" (indirekte Fragesätze)

Der Arzt wollte feststellen, **ob** der Fuß gebrochen ist oder nicht.

Er fragt,	ob	wir	kommen.
Er möchte wissen	ob	wir das	machen können.
Der Arzt wollte feststellen,	ob	der Fuß	gebrochen ist.

17.2 Nebensätze mit „daß" (Objektsätze)

Ein Glück, **daß** der Knöchel nicht gebrochen ist.
Gut, **daß** keine Ferien sind.

Gut,	daß	keine Ferien	sind.
Ich bin sicher,	daß	er eine Woche	liegen muß.
Es ist schade,	daß	du nicht	gekommen bist.
Der Arzt will sehen,	daß	Stefan bald wieder	gesund wird.

17.3 Komparation der Adjektive

17.3.1 Prädikatives Adjektiv

Wie geht es Ihnen, Frau Huber? – Danke, es geht mir **gut**.
Waren Sie nicht krank? – Doch, aber es geht mir schon wieder **besser**.
Es sollte überhaupt keine Krankheiten geben. – Ja, das wäre **am besten**.

17.3.2 Attributives Adjektiv

Ist das Restaurant gut? – Ja, das ist ein **gutes** Restaurant.
Wissen Sie kein **besseres** Lokal? – Doch, aber das **beste** ist auch das **teuerste**.

Positiv	Komparativ	Superlativ	(prädikativ)
schwer	schwer**er**	der schwer**ste**	(am schwer**sten**)
schön	schön**er**	der schön**ste**	(am schön**sten**)
alt	**ält**er	der **ält**este	(am **ält**esten)
groß	**größ**er	der **größ**te	(am **größ**ten)
gut	**besser**	der **beste**	(am **besten**)
viel	**mehr**	das **meiste**	(am **meisten**)
gern	**lieber**	das **liebste**	(am **liebsten**)

18.1 Das Passiv

18.1.1 Passiv Präsens

Die Sekretärin schreibt den Brief.

Der Brief **wird** gerade **geschrieben**.

Herr Müller ist verletzt.

Herr Müller **wird** sofort **operiert**.

Von wem wird er operiert?

Er wird **von** Dr. Berger operiert.

	werden		*Partizip Perfekt*
Das Auto	wird	heute noch	repariert.
Ich	werde	zum Mechaniker	umgeschult.
Die Geschäfte	werden	um 8 Uhr	geöffnet.
Bei uns	wird	sonntags nicht	gearbeitet.

18.1.2 Passiv mit Modalverben

Herr Müller ist verletzt.

Er **muß** sofort **operiert werden**.

Wann ist er wieder gesund?

Er **kann** bald wieder **entlassen werden**.

Mußte er **operiert werden**?

Ja, er **mußte** sofort **operiert werden**.

18.1.3 Passiv Präteritum/Perfekt

Wie **wurde** Herr Müller **verletzt**?

Er **wurde** von einem Auto **angefahren**.

Wann wird er wieder entlassen?

Er **ist** schon wieder **entlassen worden**.

Herr Müller	wurde		verletzt.
Er	mußte	sofort	operiert werden.
Er	ist	schon wieder	entlassen worden.
Er	ist	von seiner Frau	abgeholt worden.

Vergleichen Sie Aktiv und Passiv:

Man mußte Herrn Müller operieren.

Herr Müller **mußte operiert werden**.

Hat **man** Herrn Müller schon entlassen?

Ja, er **ist** schon **entlassen worden**.

159

19.1 Hauptsätze

Er	**kommt**	nicht.	
Wir	**wollen**	morgen nach Frankfurt	fahren.
Die Fahrkarte	**habe**	ich schon	gekauft.
Der Brief	**muß**	heute noch	geschrieben werden.

19.2 Nebensätze

Ja,	**wenn**	es möglich	ist.
Er kauft das Auto,	**weil**	er es	braucht.
Er sagt,	**daß**	er ihn	gesehen hat.
Sie haben gefragt,	**ob**	wir morgen	kommen können.
Wissen Sie,	**warum**	er nicht	angerufen hat?

19.3 Relativsätze (Attributsätze)

Ist das das Buch,	**das**	Sie	suchen?	
Das ist der Brief,	**den**	ich	gesucht habe.	
Der Herr,	**mit dem**	Sie	gesprochen haben,	ist Arzt.
Ist das alles,	**was**	du	weißt?	

19.3.1 Deklination der Relativpronomen

	maskulin	*neutral*	*feminin*	*Plural*
Nominativ:	**der**	**das**	**die**	**die**
Akkusativ:	**den**	**das**	**die**	**die**
Dativ:	(mit) **dem**	(mit) **dem**	(mit) **der**	(mit) **denen**

19.4 Der Infinitiv mit „zu"

Ich habe leider nichts **zu tun.**
Er hat keine Lust **zu arbeiten.**
Ist es nur Aufgabe der Frauen **zu kochen, aufzuräumen, sauberzumachen?**
Ich freue mich, Ihre Bekanntschaft **gemacht zu haben.** (*Infinitivsatz*)

Alphabetische Wortliste

Die Wortliste verzeichnet ca. 1300 Stichwörter. Die halbfette Zahl hinter dem Stichwort zeigt die Lektion, die magere Zahl nach dem Komma die Seite im Lehrbuch an, wo das Stichwort in einer bestimmten Bedeutung zum ersten Mal vorkommt, z.B.: **die Adresse 5**, 38. Das Wort kommt zum ersten Mal in Lektion 5 auf Seite 38 vor.

Der aktiv zu beherrschende Zertifikatswortschatz (ca. 950 Wörter) ist durch halbfetten Druck hervorgehoben. Es handelt sich hier um die letzte Fassung entsprechend der „Wortliste des Deutschen Volkshochschul-Verbandes und des Goethe-Instituts" (Stand 1978).

abbestellen 12, 85
der Abend 2, 14
aber 1, 12
abfahren 12, 3
der Abgeordnete **19**, 139
abhängig 19, 139
abheben **3**, 23
abholen 11, 74
das Abitur **2**, 21
ablehnen 9, 68
der Absender 5, 38
die Absicht **19**, 138
absolut **14**, 102
abstellen **16**, 109
abziehen **3**, 23
addieren **3**, 23
ade **15**, 107
die Adresse 5, 38
Afrika **1**, 13
aktiv 7, 55
aktuell **14**, 99
der Alkohol 11, 78
alle 13, 93
allein 7, 49
alles 3, 22
allgemein 19, 139
als 11, 81
also 8, 56
alt 2, 17
das Altenheim **16**, 115
das Alter 13, 97
Amerika **1**, 8
der Amerikaner **2**, 16
das Anbausystem **6**, 44
anbieten 9, 68
ändern 16, 112

der andere,
  ein anderer 18, 125
andere 1, 13
anders 11, 78
anfahren **18**, 129
der Anfang 5, 39
anfangen 7, 57
angeben **20**, 141
das Angebot 4, 31
angenehm 19, 133
der Angestellte 14, 102
die Angst 8, 60
darauf ankommen **20**, 140
anmelden 4, 30
anrufen 2, 14
die Anschrift **2**, 21
(sich) ansehen 9, 69
der Antrag 6, 40
der Antragsteller **18**, 125
antreffen **19**, 138
die Antwort 1, 7
antworten 1, 8
anwesend sein **18**, 131
sich anziehen 12, 82
der Anzug 14, 99
der Apparat 2, 14
das Appartement **6**, 44
die Arbeit 4, 32
arbeiten 1, 6
das Arbeitsamt 18, 124
arbeitslos **18**, 124
das Arbeitslosengeld **18**, 124
Argentinien **6**, 40
ärgerlich 16, 109
arm 4, 35
die Ärztin 2, 21

der Arzt 8, 62
Asien **1**, 13
auch 1, 6
auf 13, 91
Auf Wiederhören **2**, 14
die Aufgabe 3, 29
aufheben 13, 94
aufhören 8, 57
aufräumen 18, 125
aufstehen 6, 47
der Augenblick 14, 98
der Augenzeuge **16**, 109
aus 1, 6
der Ausbilder **2**, 18
die Ausbildung 2, 18
der Ausflug **7**, 55
ausfüllen 6, 40
ausgeben 20, 140
ausgehen **7**, 49
die Auskunft 10, 72
das Ausland 2, 18
der Ausländer 1, 13
ausländisch 14, 99
ausmachen 12, 85
ausprobieren **9**, 64
ausreichend 13, 97
ausschauen **5**, 39
ausschlafen **7**, 55
aussehen 18, 124
die Aussprache **11**, 76
Australien **1**, 13
auswechseln **7**, 52
der Ausweis 4, 31
auszahlen **18**, 124
der Auszubildende **18**, 125
das Auto 2, 19

dafür 11, 79
daheim 12, 87
dalassen 8, 56
damals 4, 35
die Dame 5, 38
damit 11, 79
Dänemark 7, 55
danke 1, 6
danken 9, 65
dann 1, 7
daran 11, 79
darauf 11, 6
darin 13, 97
darüber 14, 99
darum 11, 78
das Datum 6, 44
dauern 2, 21
die DDR 7, 55
demokratisch 14, 105
die Demoskopie 14, 102
denken an 11, 79
denn 2, 19
deshalb 12, 86
deutsch 1, 7
d.h. (= das heißt) 19, 139
dick 5, 39
der Dienstag 6, 41
diktieren 1, 11
das Ding 8, 57
das Diplom 9, 65
direkt 1, 13
die Diskussion 16, 109
dividieren 3, 23
doch 3, 26
der Doktor 17, 166
dort 1, 6
dorthin 13, 95
draußen 13, 90
drehen 8, 57
dringend 18, 131
der Druck 17, 117
drücken 8, 57
du 1, 7
dunkel 14, 101
dünsten 18, 128
durch 8, 63
durchspielen 20, 141
dürfen 7, 48
der Durst 4, 31

eben 8, 57
ebenso 17, 120
die Ecke 13, 90
ehrlich 14, 102
die Eigenschaft 14, 102
eigentlich 16, 109
eilig 16, 108
die Einfahrt 10, 73
einfallen 14, 105
die Einheit 9, 71
einige 7, 52
einkaufen 3, 29
einladen 7, 48
die Einladung 11, 74
einmal 1, 11
einrichten 6, 44
der Einrichtungsgegenstand
   6, 44
einstecken 12, 83
einsteigen 12, 83
der Eintopf 18, 128
einverstanden (sein) 8, 56
der Einwohner 4, 37
das Einzelzimmer 4, 30
das Eisen 4, 37
der Elektriker 2, 15
die Elektrotechnik 4, 37
die Eltern 7, 49
empfangen 18, 126
empfehlen 20, 140
das Ende 5, 39
enden 13, 97
endlich 6, 44
die Endmontage 18, 128
eng 14, 104
England 1, 9
der Engländer 2, 16
englisch 1, 10
die Engstelle 10, 73
entlang 11, 81
entlassen 18, 129
entscheiden 7, 52
entschuldigen 1, 6
die Entschuldigung 20, 140
entweder ... oder 7, 55
entwerten 16, 109
er 1, 9
das Erdgas 4, 37
das Erdöl 4, 37

der Erfolg 2, 15
ergänzen 1, 8
erhalten 18, 108
erklären 16, 108
erlauben 18, 131
erledigen 18, 125
erraten 15, 107
erreichen 14, 102
erschießen 15, 107
erst 14, 102
die Erste Hilfe 20, 141
erwarten 18, 131
erzählen 11, 78
es 2, 19
essen 7, 49
das Essen 9, 70
etwas 3, 22
Europa 1, 13
der Experte 9, 68
der Export 2, 8
exportieren 2, 18

die Fabrik 11, 80
das Fach 10, 72
das Fachgymnasium 13, 97
die Fachhochschule 13, 97
die Fachoberschule 13, 97
die Fachschule 13, 97
fahren 1, 6
der Fahrer 11, 78
die Fahrkarte 12, 83
der Fahrplan 12, 83
der Fahrschein 16, 114
der Fahrstuhl 10, 72
die Fahrt 3, 28
das Fahrzeug 10, 73
der Fall
   auf keinen Fall 14, 101
   auf alle Fälle 14, 127
   auf jeden Fall 19, 132
falsch 3, 26
das Falschgeld 3, 26
die Familie 4, 31
der Familienstand 2, 21
der Fehler 12, 83
der Feiertag 9, 71
fein 18, 128
der Feind 4, 31
das Fenster 13, 90

die Fensterscheibe **20**, 141
die Ferien 16, 114
der Fernsehapparat 19, 136
fernsehen 7, 49
der Fernseher 4, 34
fertig 2, 15
das Fest 9, 71
feststellen 14, 102
der Festtagskalender **9**, 71
das Fett **18**, 128
das Feuer 9, 68
das Fieber 4, 31
der Film 7, 49
der Filter **3**, 22
finden 12, 83
die Firma 2, 14
der Fisch 3, 29
fit sein **7**, 52
das Fleisch 3, 29
die Fleischbrühe **18**, 128
fleißig 14, 105
fliegen 1, 7
fliehen **15**, 107
fließen 11, 81
der Flug 12, 85
die Flugkarte **6**, 40
der Flugplatz 20, 140
der Flugschein **6**, 43
die Föderation **19**, 139
folgen **14**, 102
das Formular 6, 40
das Foto 6, 40
die Frage 1, 7
fragen 1, 10
Frankreich **4**, 37
der Franzose **14**, 105
französisch **2**, 21
die Frau 1, 9
das Fräulein 1, 9
frech **5**, 39
frei 4, 30
der Freitag 8, 56
freiwillig **17**, 123
die Freizeit **7**, 55
fremd **16**, 109
die Freude 16, 112
(sich) freuen 9, 69
der Freund 4, 31
die Freundin 9, 67

freundlich 2, 15
friedlich **14**, 105
froh 9, 71
früh 2, 14
früher **4**, 35
führen (vorrätig haben)
  14, 99
der Führerschein 4, 31
füllen **20**, 141
funktionieren 8, 57
für 5, 38
der Fuß 11, 79
der Fußball 7, 49
der Fußgänger 10, 73
der Fußgängerüberweg
  10, 73
der Fußweg **10**, 72

ganz **2**, 19
der Garten 13, 95
das Gas 4, 34
der Gast 8, 60
die Gaststätte **7**, 55
geben 3, 26
es gibt **3**, 23
geboren (sein) 2, 21
gebraucht 14, 101
der Gebrauchtwagen 14, 101
der Geburtstag 9, 67
der Gedanke 15, 106
geehrt . . . 5, 38
die Gefahr 10, 73
die Gefahrenstelle **10**, 73
gefährlich 11, 78
gefallen 1, 10
gegen 11, 75
gegenüber 19, 133
geheim 19, 139
gehen 1, 7
(wie) geht es . . . ? 1, 6
das Gehirn **7**, 52
gehören 9, 64
der Gehweg **16**, 109
das Geld 3, 23
die Geldstrafe **16**, 112
der Geldwechsel **10**, 72
die Gemeinde **16**, 115
das Gemeindeparlament
  16, 119

der Gemeinderat **16**, 115
die Gemeindereform **16**, 115
gemeinsam 4, 34
das Gemüse 18, 128
genauso 17, 120
genehmigen **18**, 124
genießen 20, 140
genug 3, 26
das Gepäck 4, 30
gerade 6, 41
geradeaus 20, 140
das Gerät **8**, 57
gern 7, 48
gern haben **11**, 78
die Gesamtnote **9**, 65
die Gesamtschule **13**, 97
das Geschäft 3, 26
das Geschenk 9, 71
die Geschichte 13, 94
geschieden 2, 15
das Geschlecht **13**, 139
die Geschwister 4, 31
das Gespräch 6, 45
gestern 16, 109
gestreift **14**, 98
gesund 7, 52
die Gesundheit 9, 70
der Gewinn 3, 26
gewinnen 16, 114
das Gewitter 7, 53
gießen 18, 128
das Glas 11, 78
glauben 6, 45
gleich (groß) 5, 39
gleich (kommen) 8, 57
das Gleis 12, 83
das Glück 4, 31
von Glück sagen **18**, 129
der Glückwunsch 9, 71
die Glückwunschkarte **9**, 71
das Gold **5**, 39
das Gramm **3**, 29
die Gratulation **9**, 65
gratulieren 9, 69
grau 14, 99
die Grenze 11, 81
Griechenland **1**, 13
die Grippe 17, 117
groß 2, 19

schwarz **6**, 44
schwarzfahren **16**, 109
Schweden **4**, 37
schweigen **5**, 39
das Schweinefleisch **18**, 128
die Schweiz **4**, 37
schwer **5**, 39
die Schwester **4**, 33
das Schwimmbad **10**, 72
schwimmen **10**, 72
sehen **7**, 49
sehr **1**, 10
sein **2**, 14
seit **12**, 86
die Sekretärin **2**, 14
der Sekundarbereich **13**, 97
die Sekundarstufe **13**, 97
selber **18**, 128
der Selbständige **14**, 102
selbstlos **14**, 102
selbstverständlich **8**, 56
das Semester **2**, 21
senden **5**, 38
senken **17**, 123
servieren **18**, 128
der Sessel **13**, 96
(sich) setzen **9**, 69
sicher **2**, 19
Sie **1**, 6
sie **1**, 9
das Silber **5**, 39
die Situation **20**, 141
sitzen **13**, 90
Skandinavien **8**, 63
so **2**, 19
sofort **8**, 58
der Sohn **6**, 47
solide **14**, 105
sollen **7**, 49
der Sommer **7**, 53
sondern **2**, 18
der Sonderpreis **6**, 44
der Sonderstatus **19**, 139
die Sonne **12**, 86
der Sonntag **7**, 55
sonst **4**, 30
die Sorge **17**, 121
sorgen für **16**, 112
Spanien **1**, 7

spanisch **17**, 122
sparen **7**, 55
sparsam **14**, 102
die Sparsamkeit **14**, 102
der Spaß **1**, 7
spät **3**, 27
spazierengehen **7**, 54
spenden **7**, 52
der Spiegel **12**, 82
spielen **7**, 49
der Spitzenwert **14**, 102
der Sport **7**, 55
die Sprache **11**, 76
der Sprachführer **20**, 140
sprechen **1**, 10
das Sprichwort **5**, 39
springen **16**, 109
die Spülmaschine **19**, 136
der Staat **9**, 68
die Staatsangehörigkeit
19, 139
das Staatsexamen **2**, 21
die Stadt **11**, 74
der Stadtbummel **12**, 86
die Stadtmitte **11**, 74
der Stadtplan **13**, 91
der Stadtrand **13**, 91
der Stadtrat **16**, 115
der Stadtstaat **19**, 139
der Stahlarbeiter **6**, 47
der Stammtisch **11**, 78
stark **11**, 75
stattfinden **19**, 139
stehen **4**, 36
steigen **12**, 87
die Stelle **14**, 102
stellen **13**, 93
sterben **7**, 52
die Steuer **9**, 68
stimmen **3**, 23
die Strafe **16**, 112
die Straße **13**, 91
die Straßenbahn **11**, 74
das Straßennetz **8**, 63
sich streiten **9**, 69
streng **17**, 122
der Strom **4**, 34
das Stück **3**, 22
die Stückzahl **6**, 44

der Student **2**, 16
die Studentin **2**, 17
der Studienplatz **5**, 38
studieren **1**, 7
das Studium **2**, 21
der Stuhl **6**, 44
die Stunde **3**, 27
subtrahieren **3**, 23
suchen **4**, 31
der Süden **8**, 63
die Summe **6**, 44
(das) Super(Benzin) **20**, 141
der Supermarkt **19**, 136
das Symbol **10**, 73
das System **5**, 44

der Tag **1**, 6
täglich **12**, 89
tanken **10**, 72
die Tankstelle **10**, 72
die Tante **19**, 136
tanzen **19**, 133
die Tasche **4**, 30
die Tasse **11**, 74
die Tatsache **17**, 120
das Taxi **2**, 16
der Techniker **2**, 15
der Tee **3**, 29
der Teil **18**, 128
teilen **3**, 23
das Telefon **2**, 15
das Telefonat **6**, 41
telefonieren **2**, 18
das Telegramm **4**, 30
der Termin **2**, 18
die Terrasse **13**, 90
der Tertiärbereich **13**, 97
teuer **2**, 19
der Text **6**, 43
das Theater **7**, 49
das Tier **7**, 112
der Tierpark **16**, 112
der Tisch **6**, 44
die Tochter **6**, 47
die Toilette **20**, 141
der Tote **7**, 52
Totensonntag **9**, 71
der Tourist **11**, 81
tragen **9**, 65

transplantieren **7**, 52
transportieren **8**, 63
traurig 8, 60
(sich) treffen 9, 69
die Treppe 10, 72
treu 14, 102
die Treue **14**, 102
trinken 4, 33
das Trinkwasser **11**, 81
tun 7, 48
die Tür 13, 90
die Türkei **1**, 13
der Typ 2, 19

die U-Bahn 4, 34
üben 1, 11
über 1, 13
überall 19, 134
übergießen 18, 128
überhaupt 8, 57
überholen 18, 130
das Überholverbot **10**, 73
überprüfen **8**, 57
die Überstunde **18**, 125
überweisen 16, 108
die UdSSR **4**, 37
die Uhr 3, 27
die Uhrzeit 3, 27
um (ein Uhr) **3**, 27
umfallen **13**, 94
die Umfrage **17**, 120
umleiten **10**, 73
die Umleitung 10, 73
umschmeißen **13**, 94
umschulen **18**, 125
die Umschulung **18**, 125
umwerfen **13**, 94
unabhängig 19, 139
und 1, 6
der Unfall 8, 56
unfreundlich 17, 122
ungenießbar 20, 140
ungesund 9, 68
die Uni **4**, 34
unmittelbar **19**, 139
unmodern 14, 104
unmöglich 19, 138
der Unsinn 8, 57
unterbrechen 18, 131

(sich) unterhalten 1, 11
der Unterricht 1, 11
(sich) unterscheiden 19, 136
unterschreiben 6, 40
die Unterschrift 2, 21
untersuchen 17, 116
die Untersuchung 17, 117
unzufrieden 3, 26
der Urlaub 1, 7
der Urlauber 8, 63
die USA **4**, 37
usw. (= und so weiter) **6**, 41

die Vase **13**, 96
der Vater 4, 31
die Verabredung 9, 69
sich verabschieden 19, 132
verantwortlich 18, 131
verbessern 16, 112
verbinden 8, 63
das Verbot 10, 73
verboten 9, 68
verdammt **12**, 83
verdienen 17, 123
vergessen **6**, 41
vergleichen **3**, 29
verheiratet **2**, 15
verkaufen **9**, 68
der Verkäufer 3, 23
die Verkäuferin 3, 22
der Verkehr 8, 63
die Verkehrsader **11**, 81
das Verkehrszeichen 10, 73
verlassen 6, 47
verletzt 8, 56
der Verlust 3, 26
verpacken **18**, 128
verreisen 2, 14
verschmutzen **11**, 81
verschwiegen **14**, 102
versalzen **20**, 140
der Versand **18**, 128
verschieden 18, 128
versenden **18**, 128
(sich) versichern 17, 123
die Versicherung 17, 123
versorgen **19**, 136
verstehen **1**, 11
verteilen 19, 136

der Vertrag 6, 40
vertreten sein **19**, 139
die Verwarnung 16, 108
verwenden 18, 130
verzeihen 12, 83
die Verzeihung 20, 140
viel 1, 7
vielleicht 9, 64
Viertel (nach zwölf) **3**, 27
das Viertel(pfund) 3, 29
das Visum 6, 40
das Volk 19, 139
das Volkslied 15, 107
volltanken 20, 141
von **1**, 13
vor **3**, 27
vor allem **4**, 37
vorbei **7**, 53
vorbeifließen **11**, 81
die Vorfahrt 10, 73
vorhaben 7, 48
vorher 8, 59
der Vormittag 13, 91
der Vorname 2, 21
vorn(e) **3**, 23
die Vorschule 13, 97
vorsichtig 17, 120
(sich) vorstellen 7, 49
der Vorteil 12, 89

wachsen 15, 107
der Wagen 2, 19
die Wahl 14, 99
wahlberechtigt **19**, 139
wählen 16, 115
wahrscheinlich 8, 57
die Wand 13, 92
wandern **15**, 106
wann 1, 7
die Ware 8, 63
warm 5, 39
die Wärmflasche **8**, 60
warten 7, 49
warum 6, 41
was 1, 6
waschen 18, 128
die Waschmaschine 19, 136
der Waschraum **10**, 72
das Wasser 16, 115

Notizen

Notizen

Klett

Lesen leicht gemacht
Eine Reihe für Deutschlernende

Einfache oder vereinfachte Texte aus der deutschen Literatur, die Freude am Lesen wecken und die Kenntnisse der deutschen Sprache und Literatur erweitern.